普天之下．盡是好書

普天出版家族
Popular Press Family

凌雲文創
A Plus Creative Company

不讓情緒綁架
自己的生活智慧

別讓壞心情搞砸你的人生

Don't let bad things affect your mood

黎亦薰 編著

畢達哥拉斯曾說：

做自己感情的奴隸，
比做暴君的奴僕更為不幸。

確實如此，當一個人成了感情的奴隸，就會意氣用事，做出讓自己懊悔不已的事情。
無論面對多麼不愉快、多麼生氣的事情，都必須先將自己的心情處理妥當，再用理智處理事情，千萬別用心情處理事情。

瞋怒、怨恨的心情，往往會使小過變成大禍，如果我們不想淪為情緒的奴隸，
首先就必須提醒自己，不論當下覺得氣憤還是痛苦，都必須保持冷靜的心情，才能做出最正確的決定。

出版序

不讓情緒綁架自己的生活智慧

人生絕大多數的失敗和煩惱，其實都源自於錯誤的心態和糟糕的心情，才會讓自己陷入自怨自艾的心靈禁錮之中。

古希臘哲學家兼數學家、天文學家畢達哥拉斯曾說：「做自己情緒的奴隸，比做暴君的奴僕更為不幸。」

確實如此，當一個人成了情緒的奴隸，就會意氣用事，做出讓自己懊悔不已的事情。無論面對多麼不愉快、多麼生氣的事情，都必須先將自己的心情處理妥當，再理智地處理事情，千萬別讓壞心情搞砸自己的人生。

個性衝動的人總是缺乏耐性，事情還未摸透就急著大發脾氣，有時候就這麼把自己攪進紛爭之中，無事惹來一身腥，而且還特別容易壞事。孔子罵子路「暴虎馮河」，就是警惕他小心，別一時衝動壞事。

反過來，一個懂得克制情緒的人，遇事能夠及時冷靜，想辦法找出對自己有利的路，更懂得等待時機，適時出擊，以確保自己能順利成事。

拿破崙時代，曾有一位孤兒院院長，爲了幫孤兒們籌措教育基金，經常四處拜訪，向人募款。

一天，他來到鎮上的一家酒店，當時店裡正好有三個人聚在一起玩牌。他走了過去，誠懇地拜託他們爲慈善工作捐獻一點錢，可是這三個人非但沒有捐獻，反而哈哈大笑要他走開。

其中一個因爲剛巧輸錢，認爲孤兒院院長給他帶來壞運而大聲咒罵，更過分地朝院長的臉上吐了一口口水。

這名賭徒的舉動顯然太過分了，一時間，在場的人都安靜了下來，看孤兒院院長要如何反應。

只見他拿出了口袋裡的手帕，靜靜地擦掉他臉頰上的口水，語調不帶一絲怒氣，平靜地說：「既然該我的我已經拿到了，那麼我的孤兒們又能得到些什麼呢？先生。」

那名出口傷人又吐口水羞辱人的賭徒，這下子自取其辱，被院長的話堵得一句話也說不出來，只好又驚又愧地，將身上所有的現款全交給了院長。

讓我們把這件事情重新整理一下，如果那名賭徒終究得把身上所有的錢都交給院長，那麼在一開始募款時就爽快地拿錢出來，豈不是既得美名，又獲感激？但是，他卻因爲輸錢衝動地出口傷人，惡劣過了頭，反而讓自己失了立場，成了眾矢之的。

反觀那位孤兒院院長，他深切地明瞭自己的目的和責任，所以即便遭受了無理對待，仍不讓理智被衝動的情緒駕馭。誰勝誰負，不言而喻。

印度作家普列姆·昌德在《舞台》一書中曾經如此說：「寬容是在荊棘叢中長出來的穀粒。」

越是歷經威脅和壓迫，越是顯現出寬容的可貴，表露出人性中的美德；寬容爲緊張的局勢緩下危機，也爲未來創造生機。

學習寬容和冷靜，可以減少我們的人生旅途中許多無謂的阻礙與困難，就好像河道中雖然有落石阻路，但潺潺水流終將以柔軟的身段突破障礙，順勢而下，流向自己的目的地。

名作家羅蘭女士曾經寫道：「處理事情的一個法則，應該是用美好的心情來主導事情的方向。」

因爲，即使在山窮水盡的時候，只要我們肯改變一下心情，或許就能讓自己面臨的絕境露出柳暗花明的曙光。

人生絕大多數的失敗和煩惱，其實都源自於錯誤的心態和糟糕的心情，才會讓自己陷入自怨自艾的心靈禁錮之中。想要改變自己的未來，必須先改變自己的心態；想要扭轉事情的發展方向，必須先改變自己面對事情的心情。

PART—1 揮別過去，才能迎向未來

想真正得到幸福，唯有走出受害者的陰影，揮別過去的傷痛，跳出層層的窠臼，才能成功看到未來，開創出全新的局面。

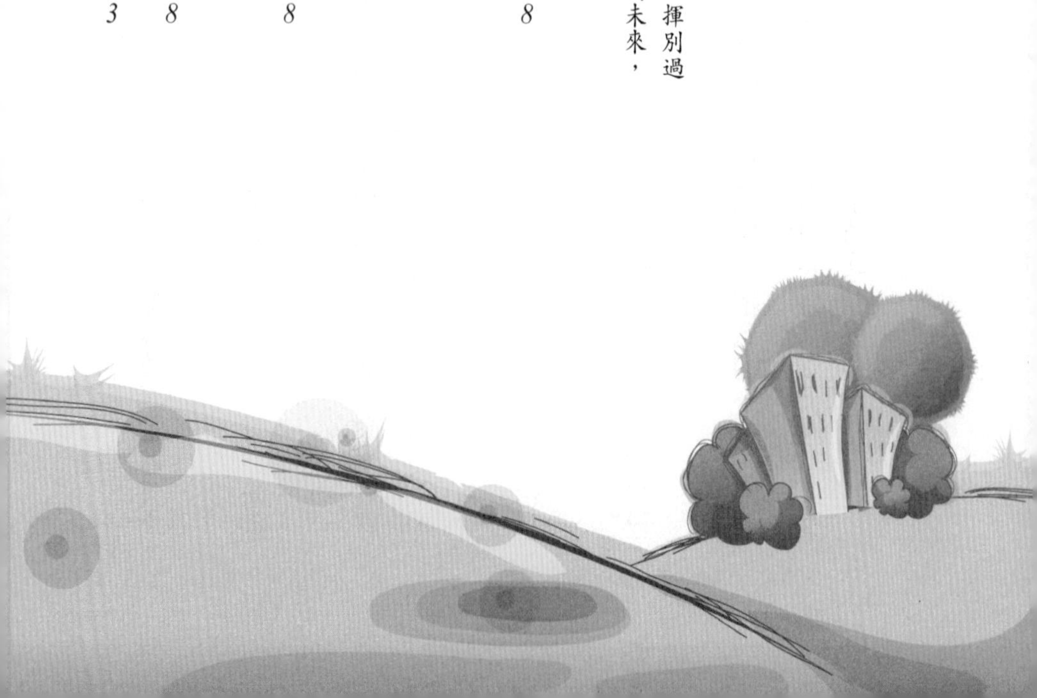

PART—2

自己的快樂 自己決定

所謂「得之我幸，不得我命。」得到之前，似乎不難保持這樣的態度，然而，當我們面對失去時，就很難坦然視之了。

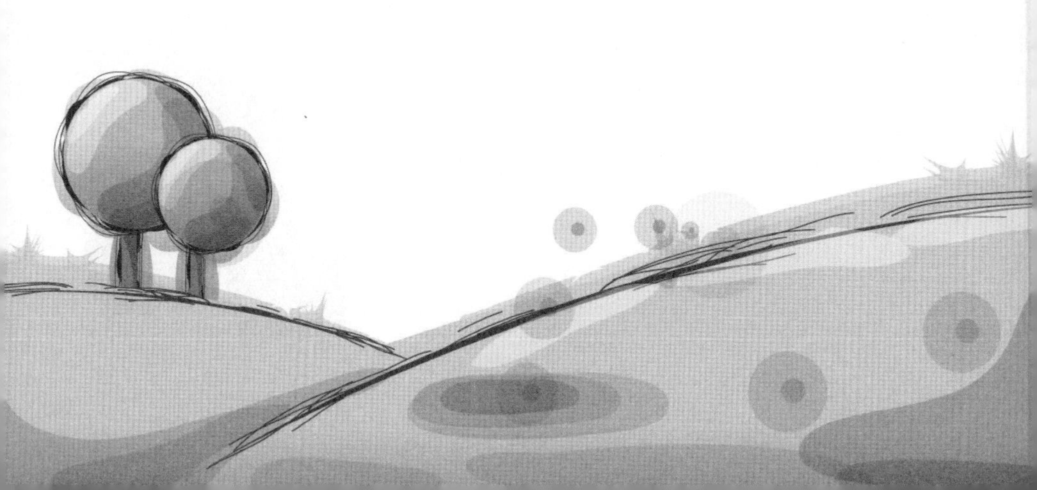

PART—3

將失去轉化為另一種獲得

得到和失去其實是相對的，為了得到，需要失去，因為失去，可能又意想不到地獲得了。

PART—4

省思自己的特質，找到適合的道路

給自己一個爭取的目標，也給自己一個前進的動力，在需求與獲得的良好循環之中，我們的收穫將會更豐富。

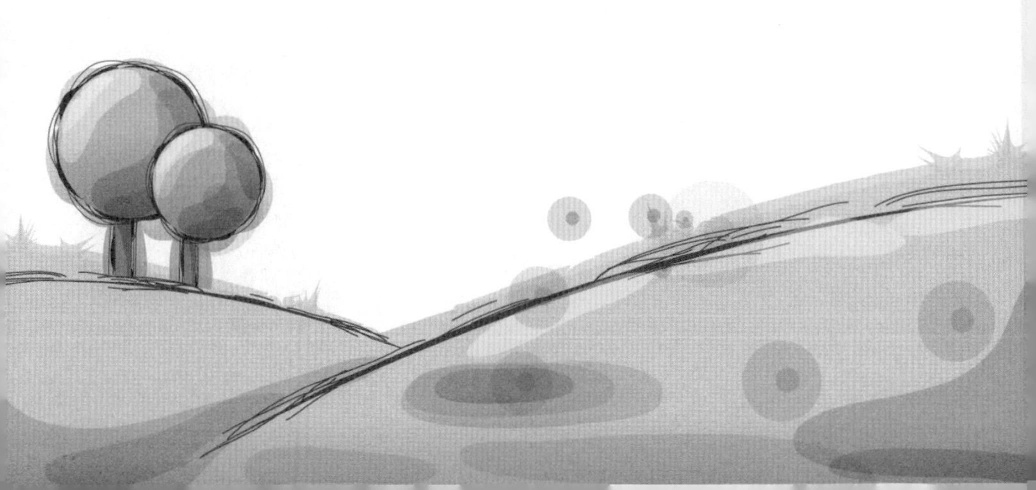

PART—5

在絕望的時候，不要忘了心懷希望

人生彌足珍貴的兩件寶物——一件是樂觀且積極的心態，另一項就是一股屹立不倒的信念。

PART—6

順著心性，選擇適合自己的環境

無法融入環境，何不重新尋找一個適合自己的環境，讓自己的缺點變成優點，讓自己的弱勢反而變成優勢？

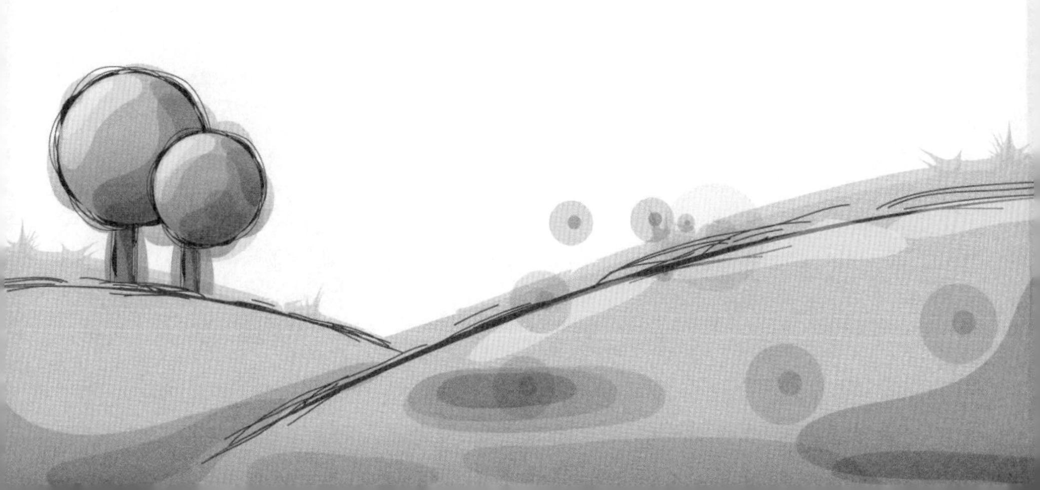

PART 7

自己的未來只有自己才能點亮

過去的榮譽和恥辱只能代表過去，真正能代表一個人一生的，是他現在和將來的所作所為。

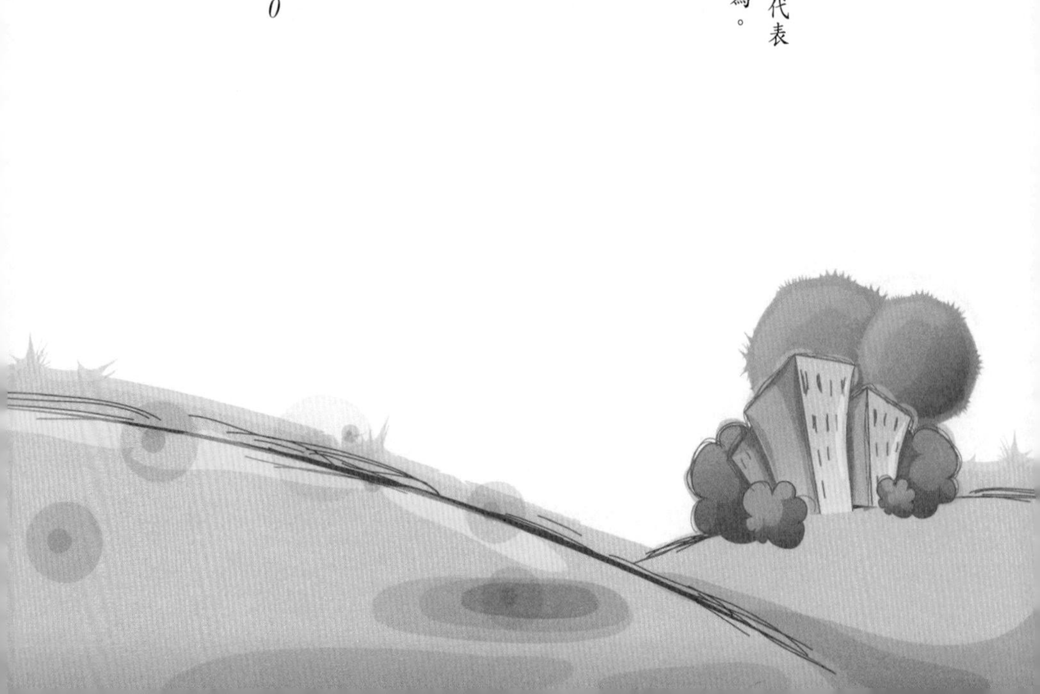

PART—8

不會，是因為你不給自己機會

放棄之前再試一次，心灰之前再試一次，告訴自己，你是做得到的；如果你真的想要，請給自己機會，再試一次。

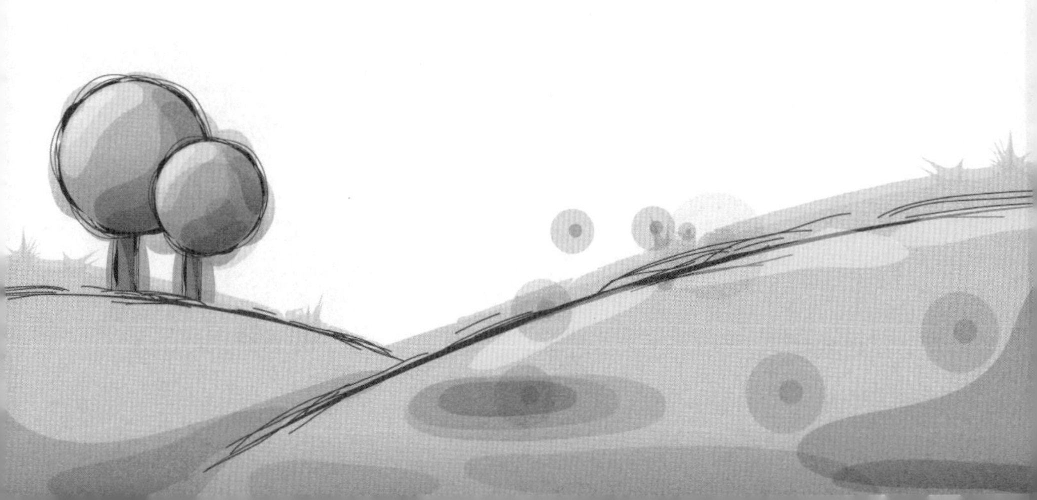

PART—9

人生只有選擇，沒有準則

別人的眼是看不到你的感受的，每個人的想法都不盡相同，什麼是對、什麼是錯，也沒有一定的準則。

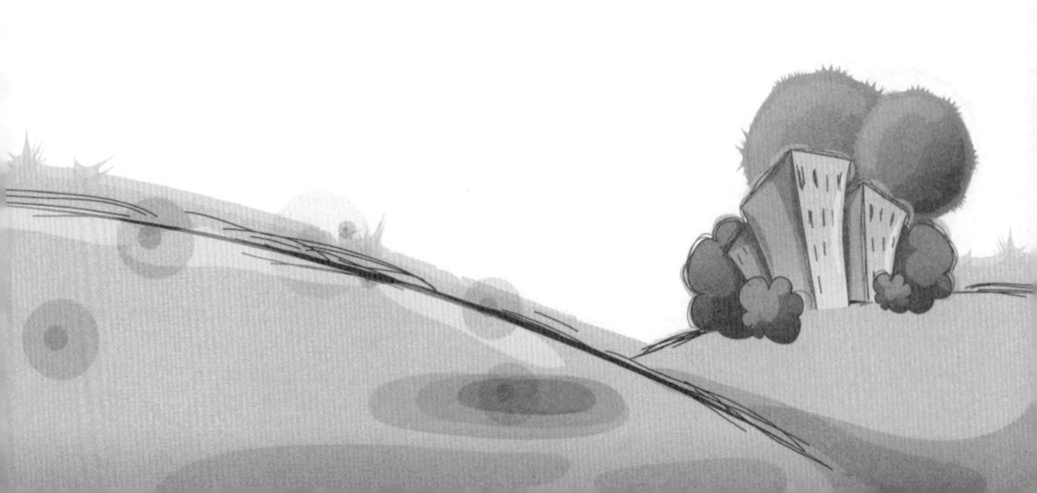

PART—10

找對方法，才能改變別人的想法

聰明的人，懂得把局勢前後思量，找尋對自己最有利的方法，然後搶先從施力點下手，順利改變別人的想法。

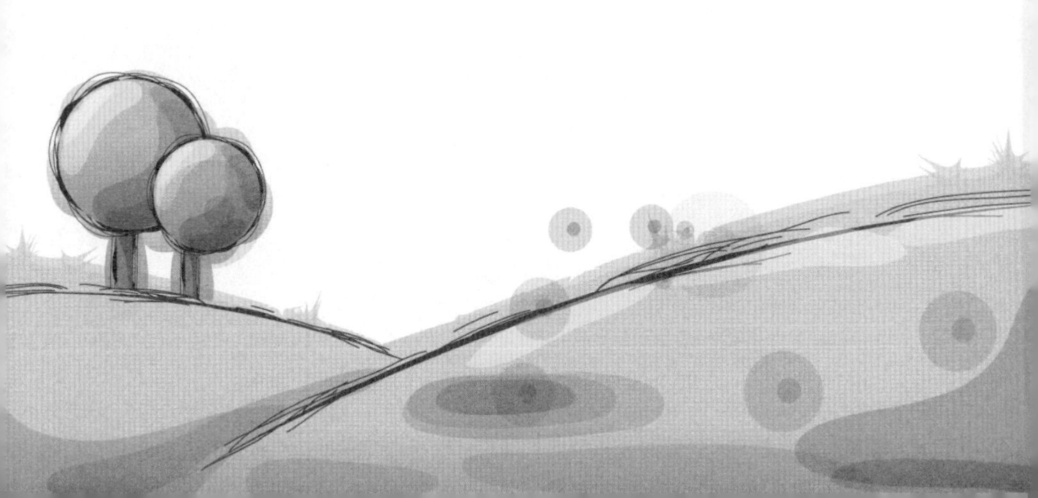

1

PART

揮別過去，才能迎向未來

想真正得到幸福，唯有走出受害者的陰影，
揮別過去的傷痛，跳出層層的窠臼，
才能成功看到未來，開創出全新的局面。

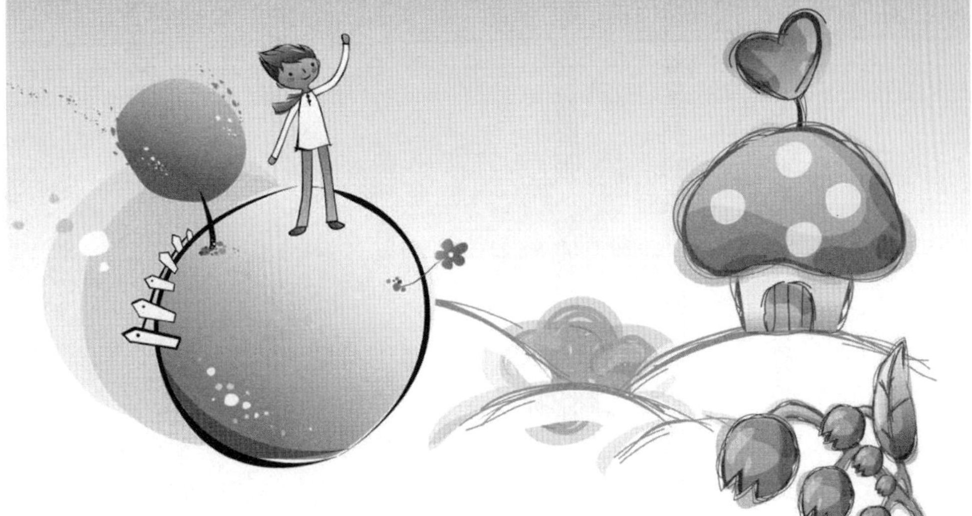

輕鬆一點，不要老是杞人憂天

輕鬆一點看待人生，悠閒一點對待生活，其實你的壓力並沒有那麼大。其實，你可以過得很快樂，只要快樂是你的選擇。

有一種人被歸類爲「A型人格」，這樣的人容易緊張、沒有耐心，求快、求好心切，很容易讓自己陷入焦慮的狀態。

然而，在不安的環境當中，往往更加容易引發他們的焦慮，而他們的焦慮則連帶影響周遭的人事物，使得一切更加動盪不安。

如果「A型人格」的人不能想辦法讓自己放鬆下來，生活的品質勢必會受到影響，當然也就很難感到快樂。

山姆是一位律師，有一份穩定的工作和感情融洽的家庭，照理說日子過得不錯，但是山姆的生活中卻充滿了不安，這全都源自於他的「個性」。

山姆是個容易擔心的人，總是杞人憂天地想到某些未來可能會發生也可能不會發生的事情，導致神經緊張、患得患失，也影響到了生活品質。

比方說，一到假日，一直都是山姆和家人共渡的時光，但是，每次出遊，山姆總不忘記隨身攜帶著手機，而且不到五分鐘就瞄一眼。要是你問他為什麼要這麼做，他會回答你：「要是客戶突然找我怎麼辦？」或者：「萬一客戶找不到我，告我業務失當怎麼辦？」

在其他方面，山姆也一樣放不下心。像是兒子打算參加鋼琴比賽，他整天不是問兒子練習了沒有、準備好沒有，就是開始焦慮地檢查汽車，擔心兒子比賽當天他的車子會拋錨，來不及送他兒子到比賽會場。

當然，很多山姆擔心的事情最後都沒有發生，他的擔憂不只讓他自己過得緊張兮兮，連他的家人都快要受不了了。

像是兒子參加鋼琴比賽那次，就忍不住對他說：「拜託，老爸，該緊張的人是我，你別把我的份也一起搶走了！現在你去散個步，別來煩我。」

其實，山姆多慮了，就算事情眞的發生，他也有能力應變處理，實在不必要將自己和周遭的人繃得太緊。

心理醫師告訴他，他之所以會如此，是因爲太擔心自己「無能」。他下意識地認爲：「我的家庭和工作一定不可以發生意外，如果發生意外的時候我無法應對，就表示我是個無能的人，所以我一定要設法防止這些狀況發生，也要爲可能的後果收拾善後做好準備。家庭和工作是我的一切，我一定要證明自己是個稱職的律師和父親，如果我做了錯事，我的家人和同事將會不知所措，而我也會變成一個無能的人。」重重的壓力，主要來源都是山姆自己，他早已將自己壓得喘不過氣來。

因此，心理醫師建議他，試著自我情緒管理，每天記得告訴自己一些「健康」的想法，化解生活中的焦慮。比方說「工作和家庭裡總會發生一些不好的事情，但總不至於會慘到無法解決的地步」，或是「即使眞的有不好的事情突然發生，我也有能力應變」，以及「我的妻子、小孩、同事都有能力處理他們自己的問題，不需要我時時爲他們擔心」。藉由這些自我調適的步驟，山姆總算漸漸舒緩了自己容易焦慮的問題。

他開始建設性地規劃自己的休閒時間，讓自己保持有事可忙的狀態，不但可以轉移注意力，而且也能滿足他想要解決問題的慾望。

時間很寶貴，稍縱即逝，如果你一直把時間放在過去或未來，其實你是減損了自己當下的生活。逝者已矣，來者可追，然而，如果不能把握當下，又如何能有氣力和準備去追逐來者？

所以，當手邊問題很多、很麻煩的時候，或是狀況接連而來、應接不暇時，慌亂和懊悔只是徒增混亂罷了，倒不如一件一件處理，先處理眼前的這一件，處理完了再處理下一件。

要是眼前什麼問題都沒有了，不如就先放心享受一會平靜與自在，不再急著去擔憂接下來可能的不順利，說不定一切就能順順當當地完成到最後了呢！

再來，要相信自己的夥伴。不管是事業上或是家庭中的夥伴，當你焦急地為對方預先解決一切問題與麻煩時，並不表示你的「全能」，而是表示你輕蔑對方的無能。當你認為對方什麼都不會、什麼都要靠你時，你不只是剝奪了對方學習和成長以及表現的機會，更用自己的優越感欺壓對方，長久下來，彼此間的信任將會受到嚴重損傷，情誼也將蕩然無存。

輕鬆一點看待人生，悠閒一點對待生活，其實你的壓力並沒有那麼大。你可以過得很快樂，只要快樂是你的選擇。

放慢追逐滿足的腳步

想要獲得真正的快樂，一定要慢下自己追逐的腳步，細細感受並品嘗你的所得，而後你才能學會珍惜，才能懂得快樂。

哲學家叔本華曾經這麼寫道：「喜歡生氣、抱怨的人，總是帶著有色的眼鏡觀看人生，把所有的快樂都看成不快樂，就好比美酒一到充滿膽汁的口中也會變苦一樣。」

面對失敗、挫折，絕大多數人選擇生氣、抱怨和逃避，整天怪東怪西，怪環境怪社會，怪命運怪景氣，就是不肯靜下心來檢討自己。唯有放下怨懟的心理，控制自己的負面情緒，人生才可能豁然開朗。

有一位單親媽媽，由於感情生活不順遂，遭受到重大的打擊，原本如膠似漆的情人發現她懷孕之後就上演失蹤記，她的雙親更因爲她未婚懷孕的情況而百般不諒解。

慘遭遺棄又孤立無援的她，只能依靠社會福利救助金過活。一個沒有工作的年輕女子要撫育一個幼小的嬰孩，生活的困苦不難想見。

最後，總算讓她找到一個兼職的工作，可以一邊工作一邊照顧小孩，多少貼補她們母子貧瘠的生活開銷。在如此窘困的情況下，一個「希望」成了她重要的精神寄託。

這個「希望」就是樂透彩券，她每個禮拜都會想盡辦法存下一點錢，買一張彩券；每一張彩券捏在手裡，就好像讓她看見未來光明似的。她總是在冬夜裡抱緊嬰孩彼此取暖，既興奮又焦急地在街頭等待彩券開獎。當然，她的希望經常落空，偶爾得到幾次小獎，也只是稍稍回塡了她的投資罷了，但是她始終不曾放棄她的「希望」。

沒有中獎，她就得更加縮衣節食才能餵飽自己和孩子；中了小獎，也只不過讓她維持原本就該有的生活。而她的情緒，也就在買彩券與開獎日的中間，高高低低地擺盪。

有一天，她眞的中了頭彩，鉅額的獎金讓她喜出望外。

她立刻將工作辭了，跑到百貨公司大肆血拼。她不但買了汽車和豪宅，甚至還將剛上小學的孩子送進私立學校，滿足她長久以來一切的「希望」。

錢能滾錢，正確的投資讓她剩下的錢持續獲利，此刻她已經是個衣食無虞的富婆了。

但是，隨著時間一日一日過去，中獎當時的狂喜也一點一點地消退，到了後來，就算她的投資爲她賺進更多財富，她快樂的心情卻反而大不如前。

原本，財富是這位單親媽媽最深切的期望，她期望能夠讓自己與子女過更好的生活，然而，當她的「希望」眞的獲得滿足之後，卻漸漸失去因爲滿足而產生的快樂感覺。

慾望滿足的基準點，往往會不斷向後移。亦即當你達到某種滿足讓你獲得快樂，而後這種程度的滿足感帶給你的快樂感受，卻不斷消退。原本以爲能夠得到百分之百的快樂，但終究只能獲得百分之九十九的愉悅，總有那麼百分之一不滿足的缺憾。

一般來說，對於慾望的滿足是一種適應的過程，這種滿足感也是具有時效性的。一旦你獲得某種程度的滿足，也很快會適應滿足後的結果，而後將會再度產生新的需求與慾望。

所以，你會期望好還要更好、多還要更多，唯有得到更多，你才能再度感到快樂。

由此可見，想要成爲一個眞正快樂的人，不斷的「得」並非確保快樂的因素，重點在於你要有「得」的感覺。一個已然滿溢的杯子，即使加再多的水也沒有辦法再更滿，但如果能稍微倒空一點，分享一點給別人，便能夠再度加滿，也才能夠再度獲得「滿足」的感受。

當我們的努力，只剩下努力的過程與越來越難「得」的焦慮感受，生命又豈止索然無味，恐怕更是苦痛難受。

知足才能常樂，看似平凡的道理，其實往往可以爲你尋得生命的答案。一味地追求物欲的滿足，只會令你陷入「求而不得」的焦慮景況，想要獲得眞正的快樂，一定要慢下自己追逐的腳步，細細感受並品嘗你的所得，而後你才能學會珍惜，才能懂得快樂。

生命不能因為缺陷而受限

生命並非只能以一種既定的形式前進，而是任由每個人以各式各樣的方法去揮灑瑰麗色彩，織就自己的人生畫布。

凱薩琳．凱西．賽森曾這麼說：「人生的苦痛難免，受難與否全看自己。」

這句話說得相當豁達，本來人生就不可能一路風平浪靜，當我們遭逢挫折的時候，該以什麼樣的態度來面對，全憑自己，靠不得人。

我們可以沉浸在苦痛之中不肯站起，飽受將欲滅頂的無助與茫然，同樣的，也可以選擇勇於面對苦難，冷靜運用智謀，積極走出泥沼。

富蘭克林．羅斯福正值壯年三十九歲，政治生涯剛剛起步的時候，卻因爲一場突如其來的細菌感染併發了小兒痲痺症，以致於雙腳癱瘓難以行走。

這個意外，中斷了他的政治生涯長達八年之久。

他當然也曾經沮喪，無法面對現實，但是他終究站了起來，坐著輪椅、拄著枴杖帶領美國民衆走出經濟大恐慌的陰影。

他不只連任四任美國總統，頒佈新政改善美國經濟，更開拓了國際外交的新風範，一生致力於促進世界和平。

他將身體上的苦痛，轉化爲追求人類和平的動力。如果他只是鎮日怨嘆命運不公平，歷史上或許就沒有這麼一位傳奇人物了。

每一個人都不完美，都有缺陷，但如果讓自己的缺陷主宰一切，那麼人生道路上肯定是灰暗一片，一步也前進不了。

倘若能夠不因自身的缺陷而受限，擁有一顆積極的心，那麼我們的生命就有尊嚴，不容任何人看輕，別人也不敢看輕。

法國著名畫家紀雷有一天參加一個宴會，宴會上有個身材矮小的人走到他面前，向他深深一鞠躬，請求他收自己爲徒。

紀雷朝那人看了一眼，發現他缺了兩隻手臂，就婉轉地拒絕，並說：「我想你畫畫恐怕不太方便吧？」

可是，那個缺了雙臂的人並不在意，立刻說：「不，我雖然沒有手，但是還有兩隻腳。」

說著，便請主人拿來紙和筆，坐在地上，就用腳趾頭夾著筆畫了起來。

他雖然是用腳畫畫，但是畫得很好，足見是下過一番苦功的，在場的客人，包括紀雷在內，都被他的精神所感動。

紀雷很高興，馬上同意收他爲徒弟。這個矮個子自從拜紀雷爲師之後，更加用心學習，沒幾年工夫便名聞天下，他就是有名的無臂畫家杜茲納。

對於一個四肢健全的人來說，以手拿畫筆是理所當然的事，但是，這並不代表畫畫只能用手來畫。正如同凱薩琳所說「受難與否全憑自己」，只要我們不將之視為苦難，苦痛也不過是個過程，是足以跨越的障礙。

杜茲納不以自己身體上的殘缺為恥，因為他知道那些殘缺不代表他生命的全部，他依然還有可為之處，他的實力不一定只能用雙手來表現，他的夢想也不是只能靠雙手來完成。

杜茲納的故事，激勵了許多殘障人士的心，因為生命並非只能以一種既定的形式前進，而是任由每個人以各式各樣的方法去揮灑瑰麗色彩，織就自己的人生畫布。

這個故事同樣也警惕我們，同情和憐憫處理得不好，很容易就會變成輕蔑和看不起；如果我們對人能夠多一分尊重，行事之時就能多點耐心，人際關係也自然和諧。

他不愛你，不是你的錯

他不愛你，並不是你的錯。發揮自身愛的力量，生命自然會展現出應有的樣貌，為值得被愛的你，找到真愛的感覺。

總有某些時候，你會希望得到某些人的喜歡，希望在他們面前表現完美，好讓他們更喜歡你；這些行動，有時會奏效，但有時不會。

也總有某些時候，我們會和某些人不投緣；雖然沒有辦法得到這些人的喜歡會讓我們感到難過和遺憾，但是，請千萬記得，當一個人不愛你的時候，可能只是代表你們無緣，而非你是個不值得愛的人。

三十多歲的非裔男子羅伯．克瑞頓，很小的時候父母就離異了。可是，小時候他對他父親的印象卻很好，在他的眼中，他的父親高大、瘦削，全身菸味與機油味，充滿著英雄的味道。

有一次他生病了，病得很重，當家人擔心得焦頭爛額時，有人突然提議說：「找威廉來吧！」

威廉就是他父親。他的母親打了電話，父親十五分鐘後就趕到，印象中，父親把他從床上抱起來，然後開車送他到醫院。

羅伯回憶說：「我記得很清楚，那是一台黑色的普利茅斯轎車，在陽光下閃閃發亮，非常漂亮。」

但是，等到羅伯十二歲的時候，他才真正發現一個事實——他的父親並不愛他。更精確一點地來說，他的父親無法愛任何人。

在羅伯的回憶中，曾經問過父親可否讓他每個禮拜六到他的修車廠去，看看他怎麼工作，學學怎麼修車，但是卻立刻被父親拒絕了。

羅伯的父親對他說：「不行，你不能來。你話太多，問太多問題。」

羅伯馬上保證自己不吵，並且再三懇求：「求求你，讓我去好不好，我發誓我一句話也不說。」

但是，他的父親並沒有因此心軟，不想讓他到修車廠，怒聲地說：「不行，你不能來，不要再來了。」

羅伯的心靈第一次嚴重受到傷害，一直到了這一刻，他才確定、相信父親眞的不喜歡他。

進入慘淡的青少年時期，羅伯一直面臨失控的煩惱，好一陣子發現自己好像始終被憤怒籠罩，動不動就發脾氣而且完全無法控制情緒。

結果，在一次街頭暴力流血運動中，羅伯因爲與警察發生衝突而被捕入獄，服刑三十天。

他在監獄裡雖然行動不自由，反而有機會冷靜下來思考。他不太明白爲什麼事情會陷入這種狀況，也爲自己的困境感到極度沮喪。他有好多事想問，卻不知該問誰，有好多話想說，卻不知誰能傾聽又該從何說起。

而後，他總算遇到一位願意聽他說話的女孩，和她結爲夫婦。她始終傾聽他說的話，也對他說話，兩人的交談使得羅伯的情緒慢慢有了宣洩的出口。

在妻子鼓勵下，他繼續求學深造，也開始嘗試寫作，試圖把所有的話和憤怒寫在紙上，全部發洩出來。

多年來，羅伯和父親之間的關係始終無法改善，直到有一天，他的父親主動表示要來看他。

他答應了，但是心裡卻非常忐忑，他無法對人明說，他其實很擔心父親的出現會傷害到他現在的家人的心。

父親來了，祖孫三代一同到河邊野餐，風燭殘年的父親和羅伯一起坐在草地上，小孫子在兩人之間爬動，爬著爬著竟爬上祖父的膝上。羅伯可以明顯感覺得出父親的緊張和不自在，但至少他沒有把孫子推開。

那一天，羅伯哭了，忍不住在父親面前痛聲大哭，控訴他多年來對他的傷害。

父親靜靜地聽完之後，只有一句回答：「我知道我讓你們傷心，我很抱歉，但那就是我，我就是那樣的一個人，我一點辦法也沒有。」

頃刻間，羅伯突然明白，這麼多年來父親的內心始終是孤單的，儘管這份孤單是他自己找的。

法國作家彭沙爾在《小小的魅力》一書中寫道：「愛別人，也被別人愛，這就是一切，這就是宇宙的法則。」

愛人與被愛，是人與人之間的關係連結。得人所愛往往會讓我們產生心安與愉悅的感受，然而，不得人所愛的時候，那種強烈的空虛感將會使人更加倍努力想要改變現狀，讓自己融入、讓自己特出、讓自己被人看見，一切一切，不過是希望得人所愛。

所以，羅伯想盡了辦法要獲得父親的認同，當他沒有辦法達成意願的時候，面臨了一項考驗，開始懷疑自己不值得被愛。

事實上，他的父親才是眞正孤單的人，因爲他無法愛人，也難以被愛，因爲他不懂愛的眞諦。

如果羅伯不能從父親的陰影中走出，可能成爲另一個像他父親的人。幸好，他始終沒有忘記愛人的能力，也終於找到他自己能愛與被愛的對象。

不要輕忽自己愛人的能力與力量，不要受限於別人對自己的對待；做好你自己，記住，他不愛你，並不是你的錯，也不代表你就不該愛他。

發揮自身愛的力量，生命自然會展現出應有的樣貌，爲值得被愛的你，找到眞愛的感覺。

工作的價值，取決於你的認知

在這個世界上，能夠瞧輕你的人只有你自己，能夠看重你的人也只有你自己；當你認同自我的價值，你就不容他人輕蔑。

你的工作，可能只是一份餬口的工作。

你的工作，可能會是一份爲他人謀福的偉大志業。

你的工作，到底是一份職業還是一份志業，全憑你個人的決定。因爲，一份工作的價值，全取決於工作者自身的認知。

馬丁接到醫院來的通知，說有一位名叫米勒的老先生目前因爲車禍而陷入昏迷，醫生宣布病人可能無法再清醒，有些事必須詢問家屬的意見。醫院找不到米勒先生任何親人，根據米勒先生的律師表示，馬丁是他最親近的朋友，所以才會打電話來通知。

米勒先生確實是馬丁的忘年之交，雖然有一陣子沒連絡了，但是他們曾經有過每週一次的橋牌好友情誼。

當馬丁趕到醫院，看見躺在病床上蒼白的朋友，一時間情緒頗難接受。醫生問馬丁：「你同意將米勒先生的呼吸器拔掉嗎？」

突如其來的問題，讓馬丁不禁有點恍神，醫生見狀，拍了拍他的肩膀說：「我想你大概需要一點時間思考，沒關係，我等一下再過來。」

一等醫生離開病房，馬丁便癱坐在一旁的椅子上，有好一片刻渾身沒有力氣，也無法思考。不久，病房裡開始有些動靜，一名身材壯碩的白衣男子走了進來，看起來像是醫院的工作人員。

那名男子首先走到米勒先生的床前，小心調整了一下牆上掛的雪景圖畫，而後退後了幾步，用畫評家似的批判眼光看著那幅畫，然後又上前調整了一下，再退後看了一眼。彷彿相當不滿意地端詳一陣後，他把雪景圖取下，然後重新掛上一幅日曆，再看了看又把日曆拿下來，從購物袋裡取出一幅莫內的《睡蓮》掛了上去，又是左看右看好一會之後，才滿意地罷手。

接著，他並沒有離開，而是走到米勒先生床尾的那面牆邊，將兩張荷馬的海景畫並排掛上。最後他來到右手邊，取下一張黑白的舊金山照片，重新換上一幅彩色的和平玫瑰。

馬丁被他的動作吸引了，心思總算從剛才醫生要他做的沉重決定中轉移開來。他問：「請問，您在做什麼？」

那名男子回答：「我嗎？我是這層樓的雜役，每個禮拜都會帶新的圖片和照片來。這層樓由我負責，雖然米勒先生進來以後就不曾清醒過，但是我要確定當他醒過來時，第一眼睜開就能看到美麗的東西。」

那些照片和畫作都是一般平價的複製品，但卻無礙於妝點環境空間，反而如同眞跡一般爲蒼白的斗室增添幾許光輝。馬丁深受感動，在這個小小的病房裡，他面臨了好友生與死的抉擇，也看見了人性的希望，更因那名男子視職業爲志業的責任感和使命感而受到感動。

當一個人將自己的工作視爲一生的志業，就不會著眼於目前的小財小利，而是重視整個工作領域的整體提升，會願意奉獻一己的心力，爲大局的未來發展善盡一分力量。

有了螺絲釘的努力與付出，整架機器才能順利運轉，因此，每一顆釘子都不該輕忽自己的力量、妄自菲薄。

更何況，即使是一枚隨時可以被替換的螺絲釘，只要妥善地盡力於自己的職責，試問又有誰會費事去更換？

盡自己的本分，是對自己職業負責任的態度，也是保障未來的必要條件。在這個世界上，能夠瞧輕你的人只有你自己；在這個世界上，能夠看重你的人也只有你自己；當你認同自我的價值，你的價值就不容他人輕蔑。

就好像故事中的那位雜役，他的工作或許被許多人看輕，但是他的態度卻能得到許多人的尊敬，這其中的差別就在於他對自我的認知不同。

雖然職銜是雜役，但是這名男子並沒有把自己的工作設定在只爲病人清理便盆或是倒茶水的服務而已，而是將維護病人的環境視爲自己的職責，並且連同病人的心情感受也要照顧。所以，他會主動爲病人尋找美的事物，期望能幫助病人一起渡過艱難的關卡。

這個人用自己的熱誠投入工作，工作之於他並不只是一項職業，而是一種生命的志業。正是這一份熱誠，才得以令人感動。

揮別過去，才能迎向未來

想真正得到幸福，唯有走出受害者的陰影，揮別過去的傷痛，跳出層層的窠臼，才能成功看到未來，開創出全新的局面。

作家斯特恩曾經寫道：「痛苦與歡樂就像光明與黑暗互相交替，只有知道怎樣使自己適應它們，跟它們和平共處，才懂得怎樣生活。」

每個人的生命歷程都會有幸福時光，也必定會有痛苦時刻，願意面對痛苦、放下痛苦的人，才能擁有真正的幸福。

有時候，許多過去不好的經驗，經常會左右了我們前進和創新的意念。

由於受到的傷害太嚴重，感受太驚恐、太憤怒，所以久久無法忘懷，也阻礙了我們邁向新旅程的腳步。被過去層層牽絆的沉重步伐，走一步、退兩步，我們永遠前進不了。

就像歷經婚變的男女，如果不能將對方的過錯和對對方的怨恨驅離，那股怨念就將不斷阻斷他們展開新戀情、新姻緣的可能，更會讓他們一聽到對方的名字就忍不住重回受傷害的當時，重新受到傷害感和憤怒的折磨。

有一位三十八歲的匈牙利女移民，一直對她的母親很不諒解，因爲她的母親到死前都不願透露她眞正的身世。

她憤恨地說：「我母親是騙子，她的一生就是謊言，根據我打聽到的，甚至到她臨終前的最後一刻，她還在騙人。」

她一直到十幾歲的時候才知道，原來她的親生父親既不是撫養她長大的繼父，也不是她繼承姓氏的那位，而是另有其人。到了匈牙利革命中期，她輾轉得知她眞正的生父是誰，但卻一直沒有連絡的方法。

現在，她移民到了美國，一直還試圖探查她生父的消息，而且心中對母親始終充滿怨恨。

從得知眞相的那一刻起，她就一直不斷在腦海中思索，不斷追問她的母親卻苦無結果。母親死後，她更試圖想要了解她母親說謊的原因，而且企圖把她打聽到的相關訊息一一放回她的故事裡，希望能求得些許的心安。

腦海中的記憶不僅會影響到我們的過去，對未來更具有某種意義。很多時候，我們對過去的執著，深切地主導著我們朝未來行進的方向；我們不斷回溯過往的經驗，追憶過去的美好，甚至沉溺於往日的哀傷中難以自拔。

我們深信，如果不能爲過去的不幸找到答案，我們將永遠無法繼續往前走。可是，就如故事中的女士，無論怎麼努力尋找，可以爲她解答的人已經不在了，能夠讓她知悉的線索越來越少，這般的執著對她來說，只是無盡的不解與痛苦。

如果她無法棄除這段過往的遺憾，終其一生就只能沉陷在這個無解的答案之中，當怨懟占滿了心房時，她還有心思看見任何幸福的未來嗎？

曾經有一部電影，劇情描述一個原本和樂的家庭，因爲小兒子突然遭到不明人士綁架失蹤，多年以來，母親日日夜夜只想尋回幼兒，完全無法兼顧家務，而大兒子也因爲母親無心照顧，而將弟弟失蹤的過錯加諸在自己的身上，認爲是自己害弟弟遭到不幸。

身爲一家之主的父親，既無法讓妻子遠離傷痛，也無法爲兒子尋找到安慰，事實上，在他心裡也同樣傷痛，卻無法對對人訴說，因爲如果連他自己都倒下了，這個家庭就只能宣告瓦解。

十數年後，母親終於得到線索，找到那名抓走她小孩的女人，原來她也是個無法逃離失兒傷痛的母親，所以才會犯下綁架兒童的大錯。十數年來，她將抓來的小孩當成自己的兒子扶養，也當成自己的兒子般疼愛。

故事的最後，小兒子雖然回到原生家庭，但是，那個環境並不是他從小到大成長的環境，當每一個家人都以小心翼翼的態度對待他時，生活反而變成一種格格不入的難過。

幸好，最後這家人能夠及時化解心結，正視彼此內心的傷痛，總算找到一個對彼此而言都能接受的生活模式，這場不幸才勉強有了一個令人心鬆的結局。

回溯這段無名的傷害源頭，其實就是一位母親無法走出自己失子、受傷害的陰影，連帶地傷害了另一個家庭。每個人都是無辜的，但每個人卻都得為莫名而來的傷害飽受折磨。

在我們緊抓過去的同時，其實就是在以現在和未來去支出。如此，在人生的快樂當中，將始終潛藏著一段殺傷力強大的詭雷，不知何時、何處會引爆，然而，這些傷害加害者全然無感，只有受害者會不斷受傷。

忘卻傷痛很難，療傷過程很痛，但是，如果不遺忘、不治療，傷口永遠無法癒合，毒素永難根除，幸福之路何其迢迢？

想眞正得到幸福，唯有走出受害者的陰影，揮別過去的傷痛，跳出層層的窠臼，才能成功看到未來，開創出全新的局面。

輸贏不是人生唯一的評判標準

輸與贏的結果，是在某個衡量標準下產生的；人生有沒有價值，也不僅僅依靠輸贏來決斷。

不管我們多麼不情願，這個世界就是這樣，有人是天才，有人沒那麼聰明，要求每一個人都一樣能幹，無疑是緣木求魚的事。就好像要魚在空中飛翔、讓豬在海裡游泳一樣，不只不公平，也看不到成效。

認識自己，可以讓我們在能力所及之處盡力而爲，至於能力不及之處，也無須過度沮喪。

做你能做的事、應做的事，就不會讓自己被挫折打敗。

當一個女孩發現，自己所有的朋友都成功地當上律師、醫生等專業人士，而她則一直是個沒沒無聞的小公務員，僅僅依靠微薄的薪水過活之時，開始感到相當不快樂。

她積極想在工作上求突破，但是在她的工作領域當中，升遷的幅度有限，除非離開現有的工作環境，否則一輩子都是個小小的公務員。然而，離開這裡，她又能到什麼地方去呢？

這個問題不斷地困擾著她，也讓她每天都提不起勁來，上班有氣無力，下班更無所事事，坐在沙發上看電視，鎮日欣羨著別人的成功與光鮮亮麗。

她的同事發現了她的不愉快，於是邀她一起利用空閒時間打網球。經過一番與懶惰的掙扎，她和同事來到了夜間網球場。

出乎意料的，她竟慢慢在擊球、接球的過程中，感覺到精力發散的快感，在每一次奔跑與追逐的汗水之下，開始體會到許多樂趣。

當她第一次感受到贏球的快樂時，網球簡直令她著了迷，她喜歡贏的感覺，每一場球她總是拼盡了全力，想要獲得全勝。然而，球場上豈有常勝者，失敗的滋味縱使苦澀，她也不得不嚐。

一日，她又再度爲自己的失誤感到懊惱而悶悶不樂，一怒之下，丟了球拍，一屁股坐在球場邊生著悶氣。同事來到她身邊坐下，安慰說：「嘿！放輕鬆點，那不過是一記壞球。」

她生氣地扯著地上的草，悶悶地說道：「那不只是一記壞球，而是第一百記壞球，我眞是失敗，什麼都做不好，是個天生的輸家。」

同事被她語氣中的憤怒嚇了一跳：「別這樣，就一個新手來說，妳打得很不錯了，球賽本來就有贏有輸啊。」

她悶著頭不說話，也不肯回應同事的安慰。

同事見狀，沉了聲說：「妳抬起頭來，看看那些網球場上的人，妳看看他們打球的樣子和表情。」

她不甘願地抬起頭，望向球場上練球的人。

同事說：「妳看，那些人，不管球接得好不好，擊球有沒有技巧、得分與否，妳仔細看看他們的表情。別忘了，贏不是唯一的結果。」

她看見一個年約十歲大的孩子，在球場上蹦蹦跳跳，只要把每個球擊回去，不管得分了沒有，都開心得大笑。而一位年紀頗大的老球友，敏捷地從底線上網，打出一個很漂亮的截擊，雖然他的對手很快回擊得分，但他誇張地哀嚎一聲之後，卻忍不住和對手相視而笑，隨即展開下一回的發球攻擊。

她看著看著，突然間有一種感覺，好像回到剛剛學會網球時的感覺，那是一種單純的快樂，一種怦然心動的感覺。

她靜靜地看了又看，最後輕聲地對同事說：「不是每個人都必須成為網球高手的，對吧？我只要快樂地打球就可以了吧？」

同事拍拍她的肩，微笑說：「那當然！」

從此，她不再為自己的不夠完美感到憂傷，也不再為自己成就不如他人感到沮喪，至少不讓失敗的感覺影響自己的生活。像在球場上，她便學著讓自己單純享受打球的快樂，她還是喜歡贏，但輸已不會讓她感覺生不如死，彷彿天塌下來了一般。

《茶花女》的作者小仲馬曾經這麼說：「人生真美好，就看你戴什麼眼鏡去看。」

同樣是法國作家的莫泊桑也說：「人生從來不像意想中那麼好，也不像意想中那麼壞。」

很多時候，人的不愉快都是自己的感覺。覺得自己不快樂，覺得自己不開心，覺得自己沒有成就，覺得自己是天生輸家……很多的「覺得」都放大了真實裡的情緒，使你越往牛角尖鑽去。

輸與贏的結果，是在某個衡量標準下產生的；人生有沒有價值，也不僅僅依靠輸贏來決斷。

無論如何，最重要的關鍵在於內心，你「覺得」自己贏，你就贏了。

為自己而活，為生命找到出口

為自己找到生命的出口，為自己開創前進的道路；那麼，生命的每一刻所帶來的甘苦，都將能讓你心甘情願地細細品味。

想要收穫，必定得先行付出；想要獲得令別人欣羨的成就，除了與生俱來的天賦之外，你必定得付出比別人更多的努力。

每個人都有特殊的長處，但想攀登頂峰，卻需要更加倍努力才能得到，你可能要比別人更早起跑，你可能要比別人在這個領域投入更多。

比如說，在別人癱坐在電視機前變成沙發馬鈴薯的時候，你正在加強你的第二外語能力；當別人沉迷於打怪樂趣中時，你正在關心世界經濟指數的變化；當別人流連夜店、醉生夢死的時候，你正在鍛練體能體魄，增強自己的體力……

不論如何，你選擇的努力項目，實際花費時間、投注力氣的付出，決定了你成就的高度。

然而，你必須自己決定究竟想要什麼樣的人生，否則你將無法使出全力，達到眞正想要的目標。

王宏珍曾經寫過一篇名爲〈夢想〉的短文，故事是這麼說的：

從小，母親就不斷鼓勵他，無論如何都不可以放棄夢想。

於是，從求學到立業、成長，面對每一次獲得的成功與讚賞，他總是會強調：「這份榮耀屬於我的母親。」

就在五十歲生日的那天，他宣布結束白手起家打拚出來的事業，雖然母親的鼓勵再度一如以往地響起——「再拚拚看，就像小時候學琴、像你考大學一樣！再拚拚看！無論如何都不可以放棄夢想！」

但是，這一回他的回答是：「媽！我沒有放棄我的夢想，現在我放棄的，是妳的夢想。」

是啊！在人生的旅途中，會有很多人把他們的期望和想望放到我們的肩上來，就好像有人推著我們，不斷朝某個方向前進。這個時候，必須多想一下，自己是不是眞的想往那條路上走去。

成就只是一種代名詞，代表在某個領域達到巔峰、俯瞰群雄；幸好，有很多道路可以通往山頂，每一條路都可能是你的長處。

說不定，沙發馬鈴薯可能是潛在的日劇達人，鎭日待在電玩世界裡的人，可能是令衆人稱臣的虛擬遊戲高手……總之，只要你想要，一定能夠成爲某個領域的能者。你的意願和投注的心力，決定你最後成就的高低。

如果所得的結果正好是你冀求的，那麼，不管別人怎麼說都影響不了你，你也無須在意別人的說法與看法。

如果這些成就並不符合你的期待，那麼你就應該回過頭來想想，到底什麼是自己眞正想要的，以及你花費時間、力氣的動機與目的。

最怕的就是不明所以、隨波逐流，反正大家都這麼做，自己喜不喜歡也不知道、更不重要，渾渾噩噩消磨了時間氣力，卻不知道自己得到了什麼。

一味順應別人的期待，如果不能讓自己感到快樂與愉悅，那麼得來的成就將不會屬於你，伴隨成就而來的一切榮耀，也無法讓你產生更新的動力。

法國作家沙特如此說過：「如果我不盡力重新按照自己的意願去生存的話，我總覺得活著是件很荒謬的事。」

別忘了，我們才是自己人生的主宰，要怎麼活、活得怎麼樣，應該交由自己決定。你當然可以選擇順從別人的期待，不過，他們的期待也應該是你自己想要的，如此，你才不會在日復一日的生活當中，找尋不到存在的價值與意義，讓自己失去前進的動力。

爲自己而活，爲自己找到生命的出口，爲自己開創前進的道路；那麼，生命的每一刻帶來的甘苦，都將能讓你心甘情願地細細品味、慢慢回味。

2

PART

自己的快樂自己決定

所謂「得之我幸，不得我命。」
得到之前，似乎不難保持這樣的態度，
然而，當我們面對失去時，就很難坦然視之了。

自己的快樂自己決定

所謂「得之我幸，不得我命。」得到之前，似乎不難保持這樣的態度，然而，當我們面對失去時，就很難坦然視之了。

據說，生活在這個世紀的人，痛苦指數大於過往任何時代。這個說法挺有趣的，現代人的生活環境、物質享受都遠遠勝過以往，爲什麼反而比過去的人們活得痛苦呢？

或許，是因爲我們對於所擁有和想獲得的事物過於執著的緣故吧！我們的快樂被那些得不到的憂愁感與焦慮感侵蝕了，我們的愉悅指數也正巧與痛苦指數相互抵消。

一個出社會不久的年輕人，在一家酒店擔任領班，收入不算多，只能勉強餬口，不過他倒挺樂觀的，認爲反正太陽落下，不久後總會升起，沒什麼好煩憂的。他那般樂觀的想法總令旁人感到訝異，嘴巴壞一點的人，還會刻意譏笑他天眞，不過對於他人的諷刺，他總是一笑置之，不予理會。

他很喜歡汽車，渴望有一天能夠得到一輛屬於自己的車，但是憑他的收入，想要存錢買車不知道是何年何月的事了。他的朋友個個都知道他的心事，一次聚會時剛巧聽見福利彩票已累積多期無人中獎的新聞。有人就說：「不如你去買彩票吧，中了獎不就能買車了嗎？」

於是，他便在朋友們慫恿下，買了一張兩美元的彩票。

或許是「傻人有傻福」，他竟眞的中獎了！

雖然不是獲得頭獎，但也有二十萬美元的彩金，足夠他買那輛心中念念不忘的汽車了。

他終於實現夢想買了那輛車，而且只要一得空閒，就開著車四處兜風，快意得不得了。很多人經常看見他吹著口哨、駕著車，奔馳在林蔭大道上，那輛被打理得一塵不染、晶晶亮亮的跑車，總是吸引著大家的目光。

沒想到好景不常，有一天他把車停在樓下，不過一個小時的光景，車子就被偷了。一群朋友聽到這個消息，知道他愛車如命，擔心他想不開，連忙相約前來安慰他。

結果，當眾人來到他家門口按了門鈴，前來開門的他正一邊刮鬍子，一邊唱著歌，完全沒有哀傷的神情，把大家都嚇了一跳。

有人忍不住開了口，問道：「嘿！你不是剛剛丟了那輛跑車嗎？怎麼一點也不難過？」

他聽了竟大笑起來：「我幹嘛要難過？」

他的朋友個個面面相覷，心想這個傢伙也未免樂觀過了頭吧？

他一副無謂地說：「有誰不小心丟了兩美元，會難過得不得了的？」見朋友們紛紛搖了搖頭，他便接著說：「就是啊，我丟的不過是兩塊錢美元，為什麼要悲傷難過？」

我們的物質生活過得越好，就越沒有辦法忍受物質的缺乏；我們的生活越進步，就越沒有辦法忍受任何一絲的退步。所以，當我們隨著年齡和歷練獲得了更高的工作報酬，一旦局勢更迭，待遇不如以往，心中的苦痛就會分外明顯，這也是許多中年失業人最大的生活危機。

所謂「得之我幸，不得我命」。得到之前，似乎不難保持這樣的態度，然而，當我們面對失去時，就很難坦然視之了。

有一家公司因爲減少公司茶水間提供的飲料種類而掀起一番抗議風波，或許有人很難理解，爲什麼減少原本就很少人取用的飲料種類竟會引起這麼大的反應，但是人就是這樣，只看到「少」這個字就很難忍受。

所以，後來老闆不禁發出了一句感嘆：「如果你不想永遠提供某一種福利，那麼一開始你就不要提供。」

這話聽起來頗有怨懟，倒也點出了實際上的無奈。

就像故事裡的主角，很少人能夠像他一樣，眞實坦然地面對他其實眞正損失的只有兩美元，而不是一輛名貴的跑車。一夕致富當然是美夢成眞，但夢醒了也不過就是現狀恢復罷了。

你可以決定自己的快樂，只要學會善用快樂的想法，樂觀的態度就會導引你走向陽光之處。

展現生命的無窮力量

命運降臨到我們身上的一切，都由我們的心情來確定價格。

——加文．尤爾特

你可以給別人快樂，給自己幸福

不帶真心的施予，只是同情和憐憫，得到的人或許不得不收，但卻無法感受到真實的喜悅，也無法真心回饋。

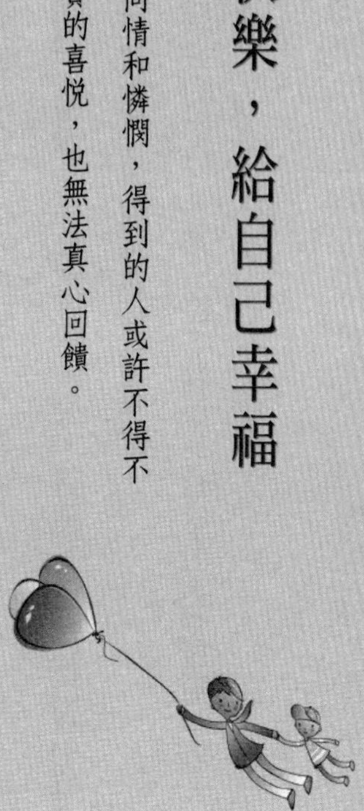

幸福是一種心靈的感受，有時候，我們可以藉由帶給別人快樂的同時，進而創造出自己的幸福。

所謂「施比受更有福」，正是因爲我們能夠從幫助別人的境況中，得到了成就自我的滿足感。

只不過，我們不可以一廂情願以爲自己正在爲他人著想，施予之前，似乎也應該思量一下什麼才是對方所希望獲得的。

唯有如此，我們才能真正從別人的快樂之中，也獲得自己的滿足與幸福。

街口坐著一個衣著襤褸的老太太，她就這麼獨自坐著，不說話也不出聲，一臉茫然，即使路人投以同情的目光，甚至在她面前的破碗中投進零錢施捨，她都一概面無表情，頂多抬起手隨意揮了揮致意。

有一對夫妻迎面走來，他們每天下午都一起散步經過這個路段，也每天都看到那位形容枯槁的老婦人。

妻子想要拿點錢給老婦人，但丈夫卻認為與其隨意施捨，倒不如真心想想可以送給她什麼，讓她真正感到快樂。

夫婦倆繼續往前走去，來到不遠處的一個小小市集，路經一家賣花的小攤子之時，夫婦兩人相視一笑，丈夫買了一束玫瑰花送給妻子。

當兩人走回了那位老婦人獨坐的街口，妻子停下腳步，將手中的花遞向丈夫，要他送給那位老婦人。

丈夫一看便明白了妻子的意思，從玫瑰花束中抽出一朵初初綻放、形態美麗的花朵走近了老婦人，笑著放進了老婦人空無一物的手中。

老婦人面對這個突如其來的禮物，竟有了不同以往的反應，她低著頭，細細地看著那朵玫瑰花，輕輕撫過輕柔的玫瑰花瓣，終於微微地笑了起來。

她抬起頭，望向站在身前的男士，又看了看站在不遠處的女士，笑容漸漸擴大，彷彿那朵玫瑰已爲她枯槁的人生注入一股新的生命力。

每一顆心都能夠被感動，只要你找到方法。

一朵玫瑰，可能比任何一個施捨給老婦人的錢幣還要不值錢，但是，隨著花朵而來的眞心，卻是令她感受最深刻的。

善心與善行，最怕沒有眞心相隨，不帶眞心的施予，只是同情和憐憫，是帶有輕視的施捨，得到的人或許不得不收，但卻無法感受到眞實的喜悅，也無法眞心回饋。

我們的心是一片需要精心培育的花圃，既能長出喜悅的玫瑰，也能長出痛苦的雜草。

故事中那位面無表情的老太太，接受了一朵看似微不足道卻令她感受眞心喜悅的玫瑰，而她也回饋了一抹最眞心感動的笑容，像一抹和煦的暖陽，照亮那對夫婦的心。

幫助別人，不是一種施捨，而是一種發自內心的眞誠，唯有如此，我們才能爲別人帶來快樂，也爲自己找來了幸福的感受。

展現生命的無窮力量

為人帶來幸福，無疑是最真確的幸福。

——亞美路

利用短期目標來激勵自己

無論你與你的目標有多遙遠的距離都不要擔心，把你的精神集中在三個街口的距離，別讓那遙遠的未來令你煩惱。

古羅馬哲學家塞涅卡說：「如果一個人不知道他要駛向哪個碼頭，那麼任何風向都不會是順風。」

這句話告訴我們設立目標的重要性，一旦目標明確，我們就有了前進的方向，也有了努力的動機。

然而，有時候，來到了一望無際的海面，四周景色如一，看不到目標所在，縱使有羅盤在手，心裡不免也有些疑惑，不知自己是否能及時靠岸，還是會迷失在這茫茫大海之中。

之所以會有這樣的疑惑，其實不難理解，畢竟，努力不能及時得到回饋時，人的信心難免衰竭，憂慮自己不能順利達成目標。

然而，只要利用一點思想上的小技巧，我們就能化解這種無謂的憂慮，更加堅定地往目標衝刺。

有一個記者被報社裁員，失去了工作，生活頓時也大受影響，過著三餐不繼的日子。爲了怕房東來討債，天一亮，他就立刻離開租賃的房子，在馬路上四處亂走。說得好聽一點是散步，其實他的心是越走越亂，眞不知道自己下一步該怎麼做才好。

一天，他在四十二街的路口遇到了音樂家舒伯特。

舒伯特一眼就認出了他，而且主動向他打招呼，因爲他還是記者的時候曾經爲舒伯特進行過專訪。他的舉止有點慌張失措，畢竟自己現在這個窘況，實在是見不得人。

舒伯特和善地問他：「現在很忙嗎？」

他含糊其詞地隨便說說，說完很懊悔自己不夠坦誠，心裡也相信舒伯特一定早已看出他的落魄。

舒伯特拍拍他的肩，對他說：「朋友，我住在九十八街的那家旅館，有沒有空陪我一起走過去？」

「走過去？」他掩不住驚呼出口，難以置信地說：「那要走上五十個街口，可不是一段短短的距離呢！」

舒伯特笑了笑說：「胡說，只有三個街口，我是說那家俱樂部。」

他不知道舒伯特的葫蘆裡賣的是什麼膏藥，不過反正自己也無事可做，就答應跟著舒伯特一起走了。他們來到了舒伯特說的那家俱樂部門口，舒伯特說：「現在只剩下十二個街口了。」

兩個人走著走著，來到了一家劇院前，舒伯特又說：「你瞧，再過六個街口就到動物園了。」

他漸漸察覺出舒伯特的用意，兩個人就這麼一邊遊戲似的，一邊往九十八街走去。最後終於在舒伯特投宿的旅館前停了下來，奇怪的是，明明一口氣走了五十個街口，卻不會太過疲憊。

這時候，舒伯特又開口了：「今天走的路，你可以記在心裡。這是生活的一個教訓。無論你與你的目標有多遙遠的距離，都不要擔心，把你的精神集中在三個街口的距離，別讓那遙遠的未來令你煩惱。」

聽了舒伯特的話，一時間他豁然開朗了，現在他的生活雖然遭遇了問題，但並非完全不能解決，只要一步一步慢慢來，什麼都不是問題！

與其問自己「以後會怎麼樣」，不如問自己「接下來可以怎麼做」，過度的憂慮和執著，只會令我們更加施展不開，更加綁手綁腳。

人生總不會無路可走，把一隻腳放在另一隻腳前面，再把一隻腳放在另一隻腳前面，這不就是在走了嗎？

一步一步地走下去，不就走出一條人生道路來了嗎？

事情永遠不如想像中那麼困難，難的是內心的想法，重點就在於開始行動，一次一小步，一次達成一個小目標，一步接著一步，一個挨著一個，串連起來就是驚人的成就。

再遙遠的海面總有盡頭，只要朝向正確的目標航行，我們就能夠到達。

展現生命的無窮力量

要從容地著手去做一件事，但一旦開始，就要堅持到底。

——比阿斯

越站上高處，身段越要放低

每個人都會有擁有權力的時候，每個人也都會有有求於人的時候，站在人生的高處，能不能學習放下身段，關係到一個人能否久待在高位。

出人頭地，是許多人的夢想，也是一輩子努力的目標，然而，隨著我們越爬越高，有一天眞的出人頭地了，是否還能保持虛心學習的態度？

一個人想要令人心服，除了有高人一等的實力之外，最重要的是有一顆平易近人的心，謹守自我的分際，不以威勢迫人，使周遭的人都能夠從與自己交往的過程當中獲得尊重。

能夠不因爲自己的權位而對他人頤指氣使，自己職責範圍內的工作親力親爲，懂得爲別人著想，這樣的人才能獲得更多人的愛戴，才能獲得更多友誼。彼此之間都能呈現正成長，事情處理得也就更順利了。

據記載，有一位美國總統以平易近人著稱。據說，他在辦公的時候很不喜歡使用呼叫鈴來傳喚助理，老覺得那種命令的語氣是沒有必要的。所以，十次裡總有九次是他自己走到助理的辦公室，請他幫忙安排工作；只要是和人約定會面，他一定提早到達會客室等待。

由於他在處理日常事物時，總是如此體貼別人，不只不以位高權重的總統自居，更不隨意爲他人增添麻煩，也因此，他的屬下及助理，幾乎每一個都是忠心耿耿，樂於爲他做事。

一個總統都能夠如此放下身段，一般人爲什麼做不到呢？

人與人之間的相處，最重要是相互坦誠以及互相體貼，彼此尊重。爲對方設身處地著想，能夠使得友誼更加地貼近，心靈更加契合。

把友誼的框架放大來看，人際關係的處理態度也是如此。不管是上對下或平輩之間，每一種關係層面都應該以誠出發，才能維持良好的互動。

以公司的運作爲例，不同的單位，處理的事務各有分工，也各有不同方式，有時候，我們覺得只不過是一點小事，但是對於接手的負責人來說，可能就是多了一份工作量。

比方說，會計單位對於單據憑證的要求特別嚴格，只要稍有不足，就立刻打回不受理，這種嚴格的態度總是令業務單位感到受不了，有時候單單一個章沒蓋，就領不到錢。

所以，兩個單位天天都吵個不停，一個怪對方爲何不能通融，一個大叫如果每個單位都通融，會計作業無謂增加、曠日廢時，對誰都沒好處……

當然，公司的運作，每個工作環節都環環相扣，一個變化，就會牽連整條生產線。如果，兩個單位的人都能冷靜下來，這件事就可以有不同的發展。

會計單位善盡告知的義務，業務單位在申請單據的時候先行檢查，不就可以簡化請款的作業流程了嗎？不會有額外增加的工作，也不會有該領而領不到的款項，豈非兩全其美？

學著從別人的角度想一想，每個人都會有擁有權力的時候，每個人也都會有有求於人的時候，站在人生的高處，能不能學習放下身段，關係到一個人能否久待在高位。

展現生命的無窮力量

一個人應當用好的禮貌來突顯他特有的天性。人人都喜歡出人頭地，但這不應當引起別人的討厭。

——歌德

改善人際關係，從自己做起

當你覺得某個人對你不友善的時候，錯可能在他，也可能在你；但是當你認為所有人都與你為敵的時候，有問題的絕對就是你了。

人際關係是一面鏡子，你可以從別人對待你的態度，察覺出自己是一個什麼樣的人。

簡單地說，就是你如何待人，人便如何待你。

對人帶著防備，以不友善的態度與人交往，勢必不歡而散，不是你走就是對方走，但是，如果能主動善待他人，笑臉迎人，往往也能得到別人笑臉相迎。

有一位老人就坐在小村落的公路旁。不久，一輛小客車開了過來，在他身邊把車停了下來。

車窗搖了下來，車上的駕駛探出頭向老人問道：「您好，老人家，請問您是住在這個村裡的人嗎？」

老人點點頭。

那人又問：「老人家，我正在考慮要不要搬到這個村裡來，不知道這裡的村民好不好相處？」

老人抬起頭看了看他，反問：「你想搬離的地方，居民好不好相處？」

那人回答：「我以前住的地方，鄰居都是些很不友善的人，三天兩頭就發生糾紛，實在讓人住得不愉快，所以才想搬走。」

老人聽了，對他說：「唉，先生，我想你可能會很失望，因爲我們這裡的人和他們完全一樣。」

於是，那個人便開車走了。

過了不久，又有人停下來向老人打聽，老人也一樣問了他同樣的問題。

這個人想了想，回答說：「唉呀，我們以前住的地方其實蠻不錯的，鄰居都是和善的人，鄰里間的相處也都很融洽，如果不是因爲工作的關係，我和家人可都不想搬呢！」

老人聽了之後，說道：「年輕人，你很幸運，住在這兒的人都和你差不多，相信你會喜歡他們，他們也一定會喜歡你的。」

會不會有人想，這個老人根本沒有誠意回答，只是在耍弄打聽消息的路人？其實，仔細一想，老人的話是頗有道理的。

當你覺得某個人對你不友善的時候，錯可能在他，也可能在你，但是，當你認爲所有人都與你爲敵的時候，那麼，有問題的絕對就是你了。

你如何待人，別人當然也如何待你，當別人的熱臉貼上你的冷屁股，當然便只此一次，下不爲例了。請問，人際關係，有問題的究竟是誰呢？

人與人之間，永遠是相互影響的，不會有人毫無道理地與人爲惡，也不會有人永遠無條件地與人爲善，你的行動與表現和別人的反應是息息相關的。

所以，仔細想想，我們想要得到什麼樣的人際關係，是吵吵嚷嚷、紛爭不斷，還是氣氛和諧、相處融洽？

不論你的選擇是什麼，都從自己開始做起吧！

展現生命的無窮力量

如果你要別人喜歡你，或是改善你的人際關係；如果你想幫助自己也幫助別人，請記住這個原則：真誠地關心別人！

——戴爾·卡內基

年輕時的失敗，幫助你學習面對打擊

年輕時，身心都處於向上爬升的階段，走錯了路再繞回來就好，總好過年老體衰時，明明知道可以怎麼走，卻也力不從心了。

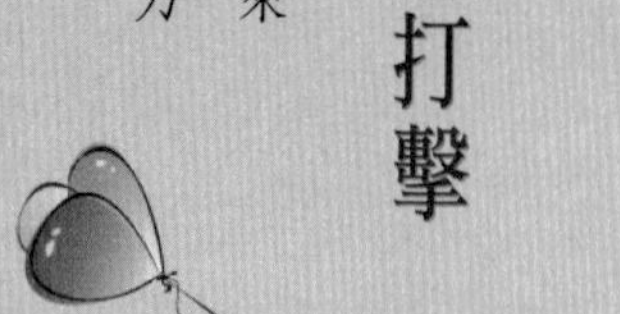

沒有人喜歡失敗的感覺，但是這世上又有誰未曾嚐過失敗的滋味呢？

既然逃避不了，何不起身迎擊？征服它，超越它，然後，我們的心就能得到解放，不再受困在挫折感中無法自拔。

懷特·拜納曾經這麼說過：「世界上最大的問題，在細小的時候都可以解決得了的。」

這個意思很接近我們常說的一句成語「防微杜漸」，在問題還小的時候就根除，也不致於養成大患了。

不過，換個方式來思考，其實這句話還可以給我們另一個啟示，如果我們能夠先體驗問題所在，是否代表著我們有更長的時間思考解決的辦法？

現實的社會中，工作是衡量人生價值的判斷標準之一，喜歡抽象講法的人說，工作是快樂與幸福的泉源，喜歡實際講法的人則認爲，工作是滿足各種物質需求的重要基礎。

不管怎麼說，工作都是維持生活的重要環節，萬一失去賴以維生的工作，你將用什麼心情面對呢？

在職場上力爭上游的傑森，二十五歲那年，公司突然宣佈倒閉，失業的打擊讓他沮喪至極，而公司積欠他的兩萬元薪資也求償無門，等於付諸流水，這更令他感到氣憤。

當時，一位相當資深的經理對他說：「你眞幸運！」

他聽了差點沒跳起來揍人，忍不住大叫：「我浪費了兩年的光陰，更不用說還有兩萬元的薪水沒拿到，你卻說我幸運？」

那位經理並沒有因爲傑森出言不遜而發怒，只回答他：「是的，你很幸運。在年輕的時候就遭遇到挫折，你隨時可以鼓起勇氣，東山再起。要是一個人到了四、五十歲才面臨災禍，連振作的方法都沒體悟過，想學，年紀也大了，想從頭來過又有誰肯給他機會，豈不是可憐多了嗎？」

詩人濟慈曾經說：「失敗，在某一意義來說，是到達成功的道路，因為每一次發覺虛假的東西，便使我們誠懇地找尋真實，一次經驗指出一些錯誤，以後便會小心避免。」

從正面的角度來說，我們遭遇失敗的次數越多，學得的經驗也越多。

解決問題的途徑和方法有千百種，不見得每一種方法都適用於每一種困境，當我們某一次嘗試失敗時，獲得的經驗不是告訴你什麼是對的，而是告訴你什麼是錯的；知道錯誤在哪裡，下一次你的腳步還會踏錯嗎？

年輕時，身心都處於向上爬升的階段，走錯了路再繞回來就好，總好過年老體衰時，明明知道可以怎麼走，卻也力不從心了。

這也是故事中資深經理心中感所嘆的，年紀大了，一路順遂的人生突然遭逢挫敗，完全沒有抵抗的能力，即使想再從頭來過，也不知該從何處著手，相信挫敗感更甚於年輕人吧！

然而，只要能明白失敗的可貴之處，把每一次生命給予的考驗當作人生的課程，我們終究能夠依靠自己的力量重新站起來。

展現生命的無窮力量

失敗是有教導性的。真正懂得思考的人，從失敗和成功中學得一樣多。

——杜威

一句鼓勵，勝過千百句指責

齊頭式的教育是抹煞個人特色的殺手，倘若我們希望未來的社會能夠多元發展，就該給予每一個人自由發展的空間。

說一句好話與說一句壞話，花費的其實是一樣的力氣，然而，獲得的結果卻截然不同。

俄國大文豪托爾斯泰說得很好：「就算在最好、最友善、最單純的人生關係中，稱讚和推許也是必要的，正如潤滑油對輪子是必要的，有了它，可以使輪子轉得快。」

及時且適當的讚美，可以讓美好的言行，不間斷地繼續下去。

來聽聽一個善用讚美的故事吧。

隨著學童行爲偏差事件發生的頻率越來越頻繁、越來越嚴重，教育主管機關召集了多位教育專家學者參與會議，希望藉著大家的力量，一同爲當前教育的失序狀態共商大計。

主席在致辭時，力陳當今社會亂象及犯罪年齡急速下降的困境，希望在場的每一位參與人員，都能夠爲未來的孩子想想辦法。

會議進行了好一陣子，許多專家學者紛紛提出他們的看法，有人支持，有人反對，現場一時間竟好似菜市場般。

而後有一位教育學者發言，他說：「我們可以試著以稱讚孩子來代替挑剔孩子的過失。當然，如果我們看到孩子所做的都是負面的事情時，這樣的舉動便很不容易做到。要想辦法找一些事物來稱許也是很難，但是我們應該去努力嘗試，因爲唯有如此，才能將孩子慢慢地導引到正確的方向。」

這個意見受多數在場人士的支持，決議制定方案積極地進行教育改革。一段時間之後，負責執行、督導的官員回報方案成效時說：「剛開始，對於教育者和學生來說，都是一件很困難的挑戰。但是，教師們努力撇開自己的偏見，在孩子身上找尋優點予以讚美。結果，奇蹟發生了，找尋孩子優點和好行爲變得越來越容易，他們不但日漸減少那些錯誤的行爲，連待人處事的態度也都改變了不少。現在我們不必再像以前那樣糾正他們，因爲孩子們做對的事要比做錯的要多。這些全都是讚美的功勞，即使讚美他們最細微的進步，也比斥責他們的過失要好得多。」

受教育的目的，是爲了學習如何與群體共同生活，在社會中找尋自我的定位，安身立命。

然而，現今的教育體制多以成就爲導向，只有一個向度的教育環境，無疑只適用於某一種類型的人。於是，有人在學校裡如魚得水，既能輕鬆應付，又有相當的學習成就；當然，也有人極端無法適應，逐漸邊緣化，只好逃離校門了。

這些問題都是教育工作者應該費心思量的。每一個人都有他的價值，每一個人也都有適合的場域。齊頭式的教育是抹煞個人特色的殺手，倘若我們希望未來的社會能夠多元發展，就該給予每一個人自由發展的空間。

沒有壞孩子，只有迷途的孩子，他們在學校裡找不到自己的生路，被挫折與沮喪壓得喘不過氣，有些人學會逃避，有些人發怒自毀毀人，最後受害的絕不僅止於他們自己。

父母師長們多讚美、鼓勵孩子、引導他們發揮自我的長才，就是爲社會的未來注入一份希望。

展現生命的無窮力量

只要有人讚賞，即使惡運當頭，幸福的希望渺茫，仍可以安之若素。

——叔本華

用比較心理激勵自己

聰明的人，可以虛心學習對方的長處，以此為行動的目標和動力，一邊沉澱累積自己的實力，一方面等待時機發揮長才。

美國思想家桑塔亞那曾說：「競爭的本能是一種野性的激勵，一個人的優點會透過競爭，從另一個人的缺點顯示出來。」

比較與競爭看似是破壞社會和諧的主因，但實際上，它是促進社會不斷向前飛躍的重要助力，全看我們用什麼心境面對。

每個人都不是完美的，我們不難見到，在某一個領域拿手的人，在另一個領域往往顯得十分蹩腳。

幸好，老天爺送給我們一份很大的禮物，就是學習的能力。

我們或許剛開始的時候不如人，但是我們可以激勵自己，可以學習，可以效仿，更可以磨練，藉此增強自己的能力，局勢不會永遠是一面倒的情況。

來看看不同的人在看待事情時，心態有什麼不同。

同樣是參觀高級社區，居住的都是富商名流，建築風格獨具且富麗堂皇，出入都是名牌轎車，雖然社區景色宜人，看了令人賞心悅目，但一般人一定會心想：「看到別人的生活如此奢華富貴，難道不會嫉妒嗎？」

可是，卻有人認爲參觀這樣的場所是相當有收穫的。

甲說：「爲什麼要嫉妒呢？他們能有今天，不過是因爲剛巧遇上了個好機會，將來這個機會落在我頭上，我肯定能比他們做得更好。更何況，這樣的氛圍可以提高我對於尋找機會的積極度，更會讓我產生一股奮鬥的動力，這不是很好的收穫嗎？」

乙說：「當然嫉妒囉！不過，當你發現那些成就比你高的人，自然就千方百計地接近他，與他拉關係，向他討教成功秘訣，向他學習成功經驗。等把他的訣竅學全了，自己暗中努力、發憤工作，再善用自己的長處，想盡辦法去超越他，下一個成功的人可就是我了。」

發現對方強過自己，嫉妒的情緒可能是免不了，但是嫉妒之後，可別忘了觀察對方的優勢與訣竅，加以學習轉化。

更重要的是，無論如何，絕不輕看自己，以自我的優勢結合他人的成功經驗，才能眞正的進步。

美國作家海爾曼說：「有一天，當你發現自己的境遇都是自己造成的，而非源於意外、時間或命運，那是多麼悲哀的事。」

我們現今的生活面貌，都是我們自己造成的。你可以讓它繼續下去，也可以讓它照著自己的意願改變。

這是一個高度要求效率與成果的時代，每個人打從出生開始就面對了一項又一項的要求與考驗——快快長大，快快學習，快快出社會，快快有成就……不只不能輸在起跑點上，還要跑得比別人快才行。

比快、比好……好像事事都得分個高下不可，但其實如果不能對自己保有足夠的信心，任何一項比試都會在起跑點上輸了一步。

聰明而成熟的人，可以虛心學習對方的長處，以此作爲行動的目標和動力，一邊沉澱累積自己的實力，一方面等待時機發揮長才，等待一飛沖天、一鳴驚人的時候來到。

展現生命的無窮力量

一個聰明人從敵人那裡得到的東西，比一個傻瓜從朋友那裡得到的更多。

當競爭與敵視同你比鄰而居時，謹慎就會茁壯成長。

——格拉西安

3

PART

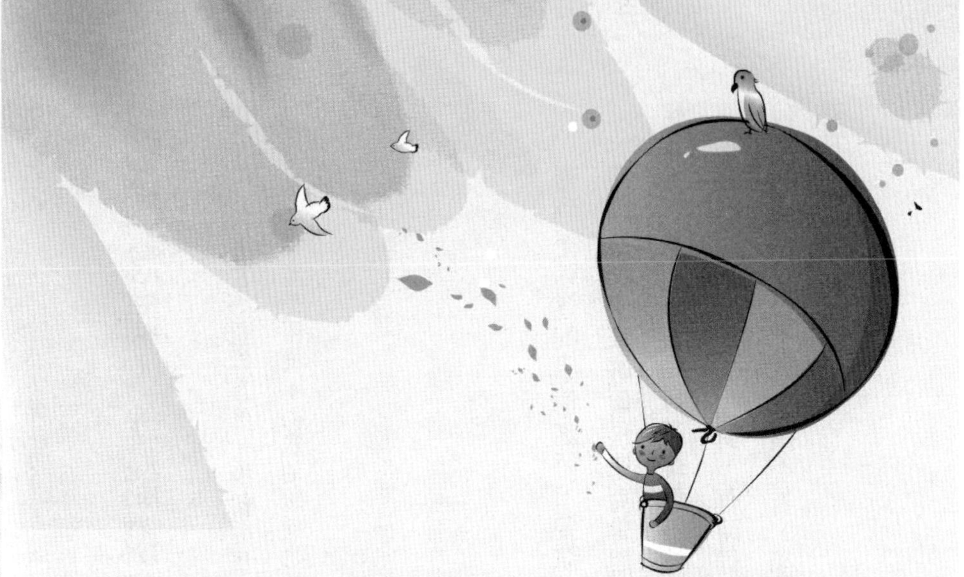

將失去轉化爲另一種獲得

得到和失去其實是相對的，

為了得到，需要失去，

因為失去，可能又意想不到地獲得了。

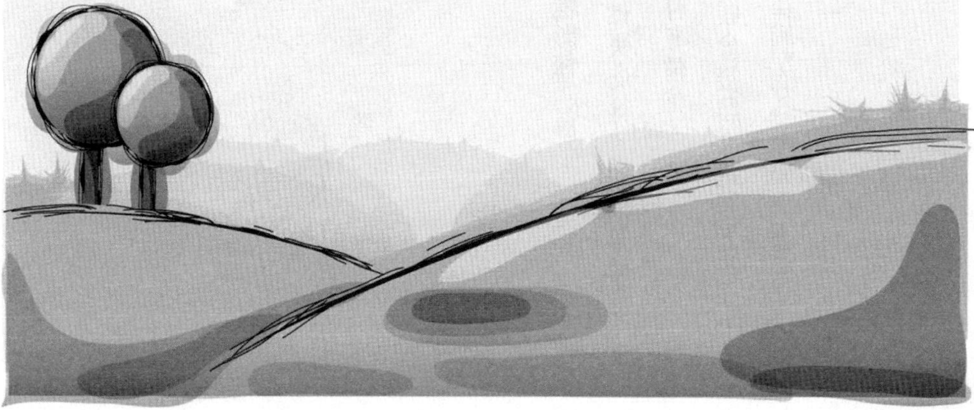

轉換念頭，就能撥開烏雲見日頭

以平常心順其自然，換個角度思考人生的困境，或許困境已不再是困境，心底的紛擾也隨之沉澱。

碰到不順遂的事情之時，要試著轉換心情，不要讓環境影響心境。

德國生物學家威爾科斯克曾說：「當生活像首歌那樣輕快流轉，笑顏常開是件容易的事；而在一切事情都不妙時仍能微笑的人，才活得有價值。」

我們的心像是一面窗，有時候照進了滿室陽光，有時候會被烏雲遮去光芒。我們的情緒，看不到也摸不著，卻像窗外的陽光一般，在我們的心上來來去去，留下了一道道的光和影。

其實，窗還是窗，心裡的房間並沒有眞正因爲外面的天色變化而改變什麼，保持了心的清靈與沉靜，生命也會多了一份輕鬆。

美國加州有一位負責送牛奶的工人，遇到了一樁令他困擾不已的事情。

原來，在他每天運送的客戶之中，有一戶已經欠了他一百美元的牛奶費，收不到帳款，害他老是被上司叨唸。他之所以沒有催那戶人家付錢，是因爲看得出來他們眞的生活上有困難。結果，那戶人家竟然突然失蹤，好像臨時搬家一樣不知去向。

這下子，他只好自己承擔起這份呆帳。莫名其妙地損失一筆錢，害得他每天都過得不開心，三天兩頭就忍不住哀聲嘆氣。

當朋友問起，他便將這樁令他煩心的事情向朋友訴苦。

他的朋友聽了，確實爲他的困境感到同情，不過倒想給他一個建議。

「什麼建議？有什麼好建議快說來聽聽吧！」他急急地問。

「你乾脆把那一百美元，當做送給那戶人家孩子的聖誕禮物嘛！」他聽了，立刻跳了起來，大叫：「開什麼玩笑！連我老婆我都沒送過那麼貴重的禮物！」

不論朋友怎麼說，他就認定了這是個蠢主意，只好又回到他原來困擾的處境裡。而後只要他又露出那種沮喪的神情，朋友就忍不住調侃：「看吧！叫你送禮物你不送，自尋煩惱。」

到了耶誕節前夕，他正準備幫老婆準備一份耶誕禮物時，朋友的話突然又浮上了心頭。想了又想，他決定接受朋友的建議，反正失去的錢再賺也就有了，就當是做了一件善事，讓那些孩子能在麥片粥裡多加些牛奶，過個快樂的耶誕節，也是好的。

就在他開始細心爲老婆挑選禮物的時候，突然有人拍了拍他的肩膀，他回頭一看，就是那個欠他牛奶錢的婦人。

婦人紅著臉說：「眞是不好意思，我眞的一直想付錢給你，可是剛好我丈夫臨時找到一間更便宜的公寓和一份夜間的差事，不得不立刻搬家，忘了留下地址，眞是不好意思。我存了三十美元，先還您一部分，等我存夠了錢，一定會如數付給您的……」

他沒有伸手接那幾張皺巴巴的鈔票，反倒是微笑地說：「不用了，太太，已經有人付過帳了。」

婦人忍不住驚呼：「付過了！誰付的？」

「是我啊，祝妳全家耶誕快樂！」

在那一瞬間，婦人忍不住紅了眼眶，而他的心裡卻不住地湧出一股名爲「喜悅」的感受，環繞久久。

正如一部電影對白所說：「我的身體還跟從前一樣，但我的心變了。我的心中再沒有恨，只有愛、溫柔和喜悅。」

的確，心變了，思想也跟著變了，生活態度與感受也會隨之改變。

我相信，如果你的心是快樂的，那麼不論在哪裡你都快樂；如果你滿懷著喜悅，不論做什麼事都會感到喜悅。

一朵花等待盛開，不會去憂慮外在的風和雨，時候到了，自然綻放。當雨停風靜，花朵又能亭亭玉立地搖曳生姿。

該來的，總是會來；該走的，終究會走。以平常心順其自然，換個角度思考人生的困境，或許困境已不再是困境，心底的紛擾也隨之沉澱。

展現生命的無窮力量

頭頂雲層蔽天，但雲層之外，銀河一望無垠。

——毛利諺語

弱點和優點是一體兩面

弱點與優點，往往是一體兩面、相輔相成的，利用自己的弱點，既能低頭避過正面攻擊，又能側身伺機迎擊。

高壯堅強的大樹，目標顯著，一有強風吹來，硬碰硬的結果，總是樹倒枝斷；柔軟弱小的青草，毫不起眼，順風而動，伏倒之後總能再藉勢站起。

不會有人永遠是強者，每個人都有屬於自己的弱點。正視自己的弱點，思索因應的方法，反而能在夾縫中求得生機。

強者有強者的優勢，弱者同樣有自己生存的空間，過度逃避和掩飾自己的短處，恐怕就會讓自己的弱點成爲眞正的致命傷。

聯合國發起人之一的羅慕洛，曾經擔任菲律賓的外交部長，是世界相當知名的社會運動家。

羅慕洛的聰明才智從很小的時候就展露出來了，他唯一的缺憾就是身材過於矮小，外形極不起眼。

因為這一點，讓他待人處世之時總是特別注意別人的目光，一方面對自己的身材感到自慚形穢，一方面也認為別人會因此瞧不起他。於是，他故意買了很多高跟鞋來穿，希望能在外表上扳回一些優勢。

可是，穿了高跟鞋的他，身材並沒有高大到哪裡去，反而因為穿上高跟鞋令別人感覺更矮了，就有人當著他的面嘲笑說：「矮子天生矮，就算穿上高跟鞋也高不到哪裡去！」

聽到這種嘲諷，他憤而捨棄所有的高跟鞋，從此不在自己的身高上做文章。

他發揮自己的專長，比別人更加刻苦地學習，積極努力地尋找每一個往上爬機會，以實力證明身高絕對不是問題。

二次大戰結束，聯合國成立大會進行當天，羅慕洛即以菲律賓代表團團長的身分應邀上台發表演說。

由於講台的高度是以西方人的身材爲標準設計的，所以羅慕洛上台時，大家只能看見他的兩隻眼睛而已。一時之間，許多人大笑起來，場面萬分尷尬。

羅慕洛態度相當鎮靜，不發一言，等到所有的笑聲止息後，他才舉起一隻手，用力地揮動，大大方方地說：「讓我們把這個會場當成最後的戰場吧！」語音未落，在場所有的人都靜了下來，而後響起如雷的掌聲。

羅慕洛以過人的氣度，展現了恢弘的胸襟，在那個以嘲諷和戲謔爲武器的戰場，他的冷靜還擊獲得了徹底的勝利。他的弱點，在他的冷靜應對之下，成爲一種絕對反差，反而更突顯了他個人的優點。

弱點與優點，往往是一體兩面、相輔相成的，利用自己的弱點，既能低頭避過正面攻擊，又能側身伺機迎擊。

我們可以見到，性格內向、膽小怕事的人，常常能處事謹慎、辦事周到；不善交際、不善言辭的人總能耐住寂寞、深謀遠慮；脾氣暴躁、點火就著的人，卻能處事果斷、抓住良機；柔弱懶散、反應遲緩的人，遇事總能不慌不忙、特別穩重。

人人都有弱點，但能夠從自己的弱點出發，想出絕妙攻防策略的人，將是掌握致勝先機的人。

展現生命的無窮力量

在生活中未曾做過任何傻事的人，並不如他自己想像的那樣聰明。

——拉勞斯福古

將失去轉化為另一種獲得

得到和失去其實是相對的，為了得到，需要失去；因為失去，可能又意想不到地獲得了。

從出生開始，其實我們就處在一種「獲得」的環境當中，得到父母的關愛與養育，得到身心的成長與發展，得到種種可習得的技能。

只是，當我們開始有了選擇權的時候，就必須學習「取捨」的功課，試著坦然面對「捨」，也試著淡然看待「得」。

海倫．凱勒本來是個聰明活潑的孩子，卻因爲一場突如其來的嚴重發燒而失去了聽力和視力，也因爲喪失聽力，讓她無法學習說話。

這一場病厄讓海倫．凱勒的父母加倍地關愛獨生女，也讓又盲又聾又啞的海倫．凱勒性情變得嬌縱了起來。

爲了讓改變海倫．凱勒，她的父母只好求助於盲人重建機構，請了蘇利文小姐來擔任海倫的家庭教師。

蘇利文小姐曾經患有嚴重弱視，經過多次手術才能維持一般視力，她很了解看不見的心情與感受，也受過相當的專業訓練。

蘇利文小姐努力撤除海倫．凱勒的心防，從教導她正確使用餐具吃飯開始，一步步帶領她走進大自然，學習認字、發聲。海倫．凱勒從反叛、撒潑到順從、學習，克服了種種的困難，終於走出一片屬於自己的天空。

海倫．凱勒一生中不間斷地爲殘障人士演講，以自己的經歷激勵他們體會到殘而不廢、自助人助的道理。

她的故事，鼓勵了無數人，也喚起了政府重視福利的意識，造福社會人群。

有人說，信念和勇氣，是一筆可貴的精神財富。

海倫．凱勒以她的信念和勇氣，爲自己的人生寫下一頁頁美麗的篇章。我們從她的一生中體會到想要過得幸福，全憑自己的心裡怎麼想，更要學會拋棄過往的痛苦與不幸，將之轉換成前進的動力與能量。

英國作家彌爾頓雙目失明之後，反而發現了一個眞理：「思想運用及思想本身，能將地獄變為天堂，也能將天堂變為地獄。」

得失心是擊垮幸福與快樂的兇手，當你懊喪於失去的痛苦，同時也將自己可能得到的快樂一併毀滅。

面對失去需要及時調整心態，首先要坦然承認失去，不能沉湎於已經不存在的東西之中。

得到和失去其實是相對的，爲了得到，需要失去；因爲失去，可能又意想不到地獲得了。

就像海倫．凱勒，意外令她失去聽力與視力，倘若她一味埋在悲傷之中，便無法振作，重新得回她的說話能力，也永遠只能躲在家裡了。

除了你自己，沒有任何人事物可以給你帶來平靜。認爲得到了就可喜可賀，而失去了就可嘆可惜，你的生活就成了隨人擺弄的一顆棋子，只能任人左右。

然而，這些眞的是我們想要的嗎？

意氣難平的時候，靜下心來，重新檢視自己的信念，鍛鍊自己的勇氣，坦然面對過往的失去，淡然體會今天的獲得，明天，一切都將變得更好。

展現生命的無窮力量

順境也好，逆境也好，人生就是一場對種種困難無窮無盡的鬥爭，一場以寡敵眾的戰鬥。

——泰戈爾

意外是人生中難得的禮物

有時晴天霹靂反而是人生轉折點中的一記當頭棒喝，提醒我們如果再不轉變就要陷入泥沼了。

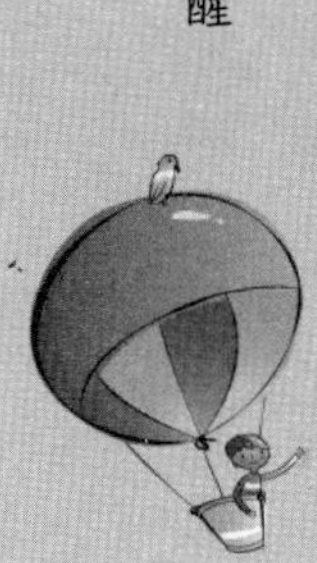

「美夢難成真，意外卻頻生。」這是英國政治家也是小說家班傑明．狄斯雷利曾經說過的一句話。

生命裡總有許許多多的意外等待著我們，當它們出現時，我們錯愕、震驚、欣喜……因為不曾預期，所以無從防備，當下的感受也就特別強烈。

然而，反向思考一下，這些意外似乎總是在警示著我們，人生的道路已出現轉折，我們也應該試圖轉個彎，再出發。

有一位女孩由於男友突然要求分手，面對這樣的意外，極度不知所措，因而傷心欲絕地一個人在家裡遊魂似地待了一個星期。她不明白自己究竟做錯了什麼，爲什麼會遭到被拋棄的命運。

沉溺了好一陣子，一天，剛巧一位久未連絡的老朋友打電話來，一番懇談之後，她決定要努力忘記之前的不愉快經驗。於是，她打起精神來，重新開始安排自己的生活，也結交了不少新朋友。

不久，她搬了家，也換了新工作。短短半年之後，情傷徹底遠離了她，她覺得自己比以前更快樂，整個人也更有自信了。

另一個男孩，待了四、五年的工作，因爲公司政策突然改變而被裁員解僱。一時之間，他的生活失去重心，經濟也出現了問題，由於景氣實在太差，短時間內竟找不到另一份合乎自己興趣的工作。

猶疑了一段時間，他終於下定決心向銀行借貸一筆款項，乾脆自己做起小生意來。

他第一次自己當老闆，第一次由自己下定決策、實際執行，儘管他得面對種種自己從未接觸過的問題，卻覺得有一股挑戰的動力驅策著他。

被裁員的困境和沮喪漸漸拋諸腦後，一段時間下來，生活雖然忙碌，他卻覺得每一天都過得有意義極了。

仔細回想起來，總是在人生旅途上彷彿走到盡頭、四處碰壁的時候，我們才會開始正視生活中的問題，才能學會認識生命的意義。

當我們跌得鼻青臉腫，才明白該換條路走走看了；當我們求助無門，才知道該是靠自己的力量站起來的時候了。成功的時候，我們看不見任何危險，看不到任何困難；唯有受盡苦難、遍體鱗傷，我們才會記取教訓、發奮圖強。

有時，晴天霹靂反而是人生轉折點中的一記當頭棒喝，提醒我們如果再不轉變就要陷入泥沼了。

健康的時候，沒有一個人會特別注意飲食運動，唯有身體出了狀況、百病纏身的時候，才知道健康的重要，才想要亡羊補牢；等到婚姻亮起紅燈時，才明白自己對伴侶不夠關心；等到事業出現敵手時，才發現決策方向需要修正……

幸好，意外初來乍到之時，我們雖然錯愕，卻不至於毫無迎擊之力，坐以待斃。勇敢地迎向前去，只要仍有一線生機，就有無窮轉機。

展現生命的無窮力量

每個嬰兒都帶來一道訊息，上帝對世人尚未失望。

——泰戈爾

罣礙，是自己建造出來的牢籠

我們往往太過於執著於物質享受的形式，而忽略了背後的意義與價值。我們究竟是真正擁有了，還是只滿足了虛榮？

有時候不免覺得，我們對「富足」的定義實在非常模糊。有些人犧牲了家庭、健康、愛情，一股勁地在工作上猛拼，獲得了金錢與名譽，但他們眞的得到了幸福與富足了嗎？

有些人總喊著「錢賺得不夠」，但是當你問他要賺多少才夠時，他可能說不出來；有些人老是說「錢夠用就好」，當你問他多少才算夠用時，他可能也同樣說不出來。

於是，我們對於錢的迷思，為我們建造了一座又一座不幸福的牢籠。

一位富商耗費了鉅資，收藏了許許多多珍貴的古董、字畫，以及各種珍珠、翡翠等精心設計的珠寶。為了防止失竊，他又花了一大筆錢安裝了嚴密的保全系統，當然平日也很少特地進去欣賞，這些珍藏嚴格說來，只是他用來炫耀財富的工具。

有一天下午，富商心血來潮，打算進金庫好好欣賞自己的收藏，剛好在入口處碰到一個資深的清潔工。富翁臨時決定要讓那位大廈清潔工和他一起進去開開眼界。

清潔工進去金庫後，慢慢地逐一瀏覽，細細地欣賞，等到兩人一起步出厚厚的鐵門時，富商忍不住炫耀：「怎麼樣？看了這麼多好東西，有沒有覺得不枉此生呢？」

清潔工回答說：「是啊，我現在感覺與你一樣富有，而且比你更快樂。」

那個富商聽了有點不解，臉上露出疑惑的表情。

清潔工繼續說：「我和你一起將所有的寶貝都看過了，在感受上我和你一樣富有，而且我又不必爲那些東西擔心這擔心那的，豈不比你更快樂？」

「愛、恨、貪、嗔、癡」，這些都是我們生命中的罣礙，也是我們用來束縛自己心靈的牢籠。

就像故事中的富翁，雖然擁有許多的寶物，但是一項也沒帶在身邊，只是鎖在金庫裡，既不能使用，也很少賞玩，偶爾才看上一次，那麼，那些寶物和放在店裡有什麼兩樣？那名清潔工在富商的允諾下，一同欣賞了寶物的美輪美奐，眞實的感受了它們的美感，不也算是一次美好的擁有嗎？

我們往往太過於執著於物質享受的形式，而忽略了背後的意義與價值。買了一件售價昂貴的衣服，穿起來卻不合身；吃了一頓食材高級的精緻料理，回家卻因爲不習慣而拉肚子了；添購了高科技新產品，卻是大部分的功能都不會使用……

我們究竟是眞正擁有了，還是只滿足了虛榮？

爲了成爲某家商店的會員，得到區區百分之十的折扣而拼了命消費，買了許多原本可以不用買的產品；又爲了次一年能夠獲得續卡，在期限關頭不得不胡亂瞎買，只爲了湊得足夠的金額，想一想，我們眞的佔了便宜？還是落入「以爲自己佔便宜」的迷思之中？

也許，該是我們回過頭來檢視自己對於「錢」、「享受」、「幸福」、「快樂」……等等定義的時候了。

認清了什麼是自己想要的，什麼是自己已經得到的，重新整理一下自己的感受，或許我們就可以掙脫那些束縛我們的牢籠，衝出生命中一道道的罣礙。

展現生命的無窮力量

錢的最大用處，不是為了掙更多的錢，而是讓生活變得更美好。

——亨利．福特

不撒謊，就不必忍受煎熬

你可以為了眼前的利益撒下小謊，但你很快就會發現自己終究會露出破綻，因為至少有一個人會知道真相，那就是你自己。

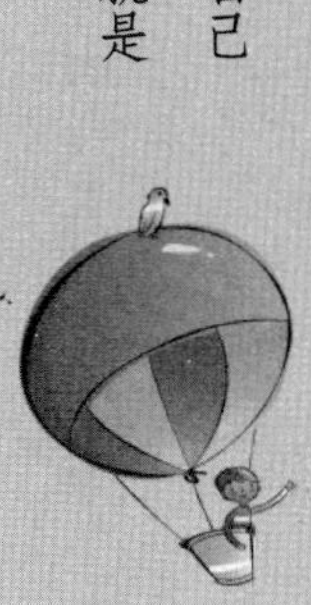

富蘭克林說：「我們的心應該依循良善以及真理而運作。」

一個人能夠忠實地面對自己的所作所爲而無愧於心，這個人就是善良且正直的。每個人都能依良知待人處事，這個世界將會更光明圓滿。

人，不是善於猜心的動物，也沒有預知的能力，我們不會知道別人心裡怎麼想，可是我們很清楚知道自己在想什麼。

有一句話是這麼說的：「謹慎觀察心將你拉向何方，然後全力追隨。」

你的心欺騙不了你，隨著真心而行，隨著良善而行，你的靈性將日益提升。

十九世紀英國作家塞繆爾寫過一篇小品，故事內容提及，有一名騎兵上尉受命帶領部隊外出找尋糧草。

他們一路來到一座小莊落前，看到一間破舊的小農舍。

上尉命令手下前去敲門，不一會兒，一名老人開了門。

上尉對老人說明來意之後，隨即向老人請求：「請帶我們到能夠取得糧食的田地。」

軍隊在門口待命，老人毫不遲疑，立刻回答說：「長官，馬上就去。」

老人帶領著軍隊往村外走去，來到一處山谷後，沿著山谷上行大約走了一個小時左右，前方出現了一大塊麥田。

上尉高興地喊道：「太好了，這下可把問題解決了。」

就在他準備下令手下動手取糧時，老人卻阻止他，「請先別動手，再稍等一會兒也不遲。」

上尉雖然心裡猶豫了一下，仍聽從了老人的建議。

於是，一行人繼續跟著老人出發，不久之後，他們又找到另外一塊大麥田，上尉一聲令下，所有的士兵全都跳下馬來，將已經成熟的麥穗收割綑成束，全放在馬背上。

上尉和老人在一旁看著士兵們的行動，終於將心底的疑問說了出來，問道：「朋友，爲什麼你特地帶我們到這裡來？我們先前所看到的麥田和這一塊田幾乎是一樣好。」

老人說：「確實一樣好，但是，那不是我的田。」

儘管軍隊到達第一塊田的時候，老人大可以任由軍隊採收，反正國家要糧沒人可以拒絕，又可以減少自己的損失，何樂不爲？然而，就是因爲有一顆自尊自重，也尊人重人的心，所以，他寧可軍隊收割自己的麥田。

你可以爲了眼前的利益撒下小謊，但你很快就會發現自己終究會露出破綻被人察覺，因爲至少有一個人會知道眞相，那個人就是你自己。即便沒有人戳破你的謊言，你也會日夜受到這個謊言的煎熬，因爲你知道那是一個錯誤，你自己很明白，你心底很清楚。

唯一的辦法，就是對自我忠實；別欺騙自己，你才能在任何時候都抬頭挺胸，俯仰無愧於心。

展現生命的無窮力量

他賺他應該賺的錢，他在誰的面前都能抬起頭來；因為他不虧負任何人。

——朗費羅

最真實的愛藏在平淡當中

一位能在平淡之中默默守護我們的人，他們的愛雖然看不見、聽不到，我們卻感受得到這份愛的真實動人。

有些人的愛，要愛得轟轟烈烈，有些人的愛，只求細水長流，無論是哪一種，只要兩廂真心投入，都能深刻人心、引人動容。

老一輩的戀情，總是屬於後者，一步步地走來，看似平淡無味，卻在兩相扶持的言行舉動中流露深切的情意。

只是，這樣的戀情在現今的社會裡，似乎越來越難得了。

難得的原因，不是感情不夠真，不是愛意不夠濃，而是容忍與尊重似乎不再是婚姻裡重要的角色。

每個人都好強爭勝，連在家庭裡也得鬥出個輸贏來，但是贏了又如何？輸了又如何？

一名女子年紀輕輕十九歲就嫁人了，兩個人的小窩裡只有一個房間，一張木桌子，兩把椅子。

她不曾喊過一聲苦，生下四個孩子後，更是把全副的心力都放在孩子身上。

孩子長大上學了，眼界跟著寬廣了，不知不覺拿自己的母親與別人比較，心裡有了埋怨。

一天，大女兒問一個問題：「媽，妳讀過莎士比亞嗎？」

她回答：「沒有。」切菜、洗菜的手未曾停過。

女兒又問：「那妳讀過《理想國》嗎？」

她依舊回答：「沒有。」一手扶著鍋子，一手俐落地將菜盛在盤子上。

女兒臉上有點不快，心裡暗暗生著悶氣：「想不到，我的母親竟然是這麼沒學問的人！」

她沒瞧見女兒的神情，只顧著將晚餐打理妥當，而後說：「別說了，快來吃飯吧，今天有妳喜歡吃的菜呢！」

現代人越來越不知道怎麼樣愛別人，也越來越漠視來自父母和親友的關愛。其實，最眞實的愛，往往藏在平淡之中，對於那些關愛我們的人，我們應該懂得感恩、惜福。

如果有一天，這個女兒也成了母親，相信她一定會明瞭母親當時的心情，也一定能夠體會母親認眞持家的努力。

一個人的價值，不是從學問高低來判斷；一個人的偉大與不凡，不是從外在是否光鮮來決定。

這名母親，只是一名平凡的母親，卻也是一名偉大的母親，她始終默默爲家庭付出，她以自身的努力作爲孩子的身教與榜樣，她的成就在於讓家人無後顧之憂，可以全心爲生活衝刺。

她像一棵大樹，像一處港灣，永遠停留在那裡，張開雙臂，等待家人歸航，也爲家庭遮風避雨。家人的快樂，也爲她帶來快樂，那種甘於平淡的滿足和細心守護的幸福，是她獨有的。

當我們的生命裡有幸出現了這麼一位能在平淡之中默默守護我們的人，我們應該懂得感激，也應該給予尊重。

那樣的人，他們給予我們的愛，雖然看不見、聽不到，我們卻感受得到這份愛的眞實動人。

展現生命的無窮力量

我寧肯為自己所愛的人的幸福，而千百次地犧牲自己的幸福。——盧梭

越是困難的環境，越能磨練出成就

太過幸福就像是減法，一點點減去你的志氣、奮鬥精神和強健的體魄；苦難卻像加法，不斷累加你的夢想、努力和汗水。

曾經橫掃歐洲的拿破崙豪氣干雲地說過：「『難』字只不過是那些沒有勇氣與才能的人製造出來的『護身符』而已。」

再難的事情也有成功的方法，再絕望的困境，也有機會逃出生天，單看我們有沒有足夠的勇氣和信心去找到方法、把握機會。

有人常抱怨生活苦悶，日子難過，可是難道不是他自己選擇在那樣苦悶與難過的環境裡過活的嗎？

一個人的出身，可能是助力，也可能是阻力，但絕不是無法超越的困境。在眞正想要成功的人面前，越是困難的環境，越能激發他奮鬥向上、向前的動力。

有一位企業家，本是農家出身，四十歲以前的他也許是先天不良，也許是時運未到，總之生活過得窮困潦倒，沒有能力改善家徒四壁的窘況，四處被人瞧不起，甚至連他的妻子也視他爲一灘扶不起的爛泥。

尊嚴與信心都被踩到谷底的他，有一天終於醒悟自己不是做農夫的料，於是毅然決然地將家中那口薄田賣掉，換來一筆小小的資金，改行做小本生意。他運用一雙巧手做出許多具有巧思的小玩意，既是藝術裝飾品又具有實用功能，很快地便受到顧客的注意和喜愛。

漸漸地，客戶越來越多，生意的規模也日漸擴增，短短十年，原本一家小工廠，竟拓展成一家總資產額上億元的大型企業。

他成功的故事令許多人感到好奇。

有記者前來採訪時，聽完他的努力過程後，說道：「如果你出生在城市裡，也受到良好的教育，在穩定的生活環境中成長，說不定你的成就會比現在更大。」

他聽了，沉默了好一會兒才回答：「也許吧！但是我相信如果不是經過那麼多苦難，而是一路順暢、生活豐衣足食，或許我就那麼平穩地過了下去，而不會創辦這家工廠，也就不會有今天的收穫了。所以，從這個角度上來看，我應該要感謝那些經歷過的苦難才對。」

可見，想要成功除了要有自知之明外，還要有外力相助。

如果這名企業家不是一路困頓到令他難以忍受的地步，或許他仍舊沒有辦法下定決心去改變，而是在明知做不好的情況下得過且過終生。

英國哲學家培根曾經說過：「如果你沒有足夠的才能去幹某一種事業，那你最好還是及早和它分手，否則，你的結局一定只有懊喪和失望。」

很多人明知道錯誤在哪裡，卻不肯去面對錯誤；明知道問題的癥結所在，卻不肯去處理問題；明知道痛苦的根源是什麼，卻不肯想辦法終結痛苦。

這樣的人，就儘管在痛苦的深淵裡抱怨到地老天荒吧！因爲什麼都不會有所改變，也永遠與幸福和成功絕緣！

許多時候，太過幸福就像是減法，隨著時間一點點減去你的志氣、奮鬥精神和強健的體魄；而苦難卻像加法，可以一步一步，不斷累加你的夢想、努力和汗水，這些經歷層層堆積起來，就扮演著幫助我們成功的推手。

展現生命的無窮力量

一切痛苦能夠毀滅人，然而受苦的人也能把痛苦消滅！

——拜倫

4

PART

省思自己的特質，找到適合的道路

給自己一個爭取的目標，
也給自己一個前進的動力，
在需求與獲得的良好循環之中，
我們的收穫將會更豐富。

越是挫折，越要讓自己放鬆

遭遇挫折的時刻，先放鬆自己，別急著為自己安上罪名；如此，你才能夠慢慢找回屬於自己的信心。

生命中，沒有時時刻刻的順境，也沒有分分秒秒的逆境。這個道理，我們都懂，也都明白，但是我們卻常常在順境裡過度自得自滿，忽略周遭危機，也常常在逆境裡怨天尤人，埋頭等死。

我們無法杜絕這種現象發生，只能自我期許在每一次失敗與沮喪的時刻，提醒自己未來仍有希望，人生還有出路。

最重要的是，要以各種方法重建自己的信心。

有一位作家每次完成作品後，總會與親朋好友分享，在他們面前朗讀，然後聆聽對方的意見。有一陣子，她的心情面臨低潮，也爲她帶來無窮的壓力。由於正好經歷離婚的煎熬，使得她的情緒低落到谷底，連帶影響她對自己各方面的信心，其中也包括她的作品。

她發現，每一次朗讀完作品，不管別人如何讚美，她都開心不起來；她總是覺得那些作品根本沒有別人說的那麼好，對方只是安慰她罷了。

當別人益發稱讚她的作品，就越讓她爲自己感到不滿。

可是，她終究明白，有問題的顯然不是她的作品，而是她自己的心情，是她需要關心和愛，是她需要被肯定的感覺。

後來，她想到一個方法，幫助她走出挫敗的陰霾。一遇到類似朗讀會等不得不出席的場合，她會拜託一個好朋友和她一起去；特別是當她朗讀完作品之後，請那位朋友站起來，走向她，給她一個溫暖的擁抱，告訴她，她的表現眞的很好、她今晚的打扮很漂亮、她是個很棒的人……

這個方法讓她平穩地度過那一段時間，讓她知道，好的不是作品，而是她自己。這一段自我療癒的過程，成功地幫助她走過低潮的陰霾，重建她對自己的信心，在愛與支持的氛圍之下，重新站起。

低潮總在措手不及的時刻出現，在生命裡，總有許許多多的意外等待著我們，當它們降臨的時候，我們不免錯愕、震驚、欣喜……或許是因爲不曾預期，所以無從防備，當下的感受也就特別強烈。

然而，除了你自己，沒有任何人和任何事物可以給你帶來平靜。反向思考一下，這些意外的出現，或許正是警示著我們，人生的道路已出現轉折，該是試圖轉個彎，再出發的時候了。

海倫．凱勒堅信：「當一扇幸福之門關上時，另一扇幸福之門會打開。」然而，她也很遺憾地說：「我們往往在那扇關閉的門之前茫然呆立過久，以致於看不見另一扇已向我們打開的門。」

就像故事中的作家，她很清楚自己陷入了什麼的景況。但問題就在於，事情發生的當下，你可能根本無法客觀地要求自己反覆思考、反覆思量，更沒有辦法做出什麼好的決定。

在這種難過的時候，你需要休息，你需要放鬆，你需要朋友的幫助。萬一你無法爲自己找到建立信心的方法，向外求助求援也是重要的應對方式。

總而言之，在意氣難平的時候，特別要想辦法靜下心來。唯有如此，你才能重新檢視自己的信念，鍛鍊自己的勇氣，坦然面對過往的失去，淡然體會今天的獲得。你才能有勇氣相信，明天，一切都將變得更好。

不要以爲自己是世界上唯一孤獨可憐的人，事實上，在你的周圍有許多關心你的人能夠伸出援手，也能傾聽你的難過與哀傷。至少，他們知道你的好，他們期盼你獲得幸福，但是你得先停止埋首哭泣，才看得見他們關心的微笑。

所以，遭遇挫折的時刻，先放鬆自己，別急著爲自己安上罪名；如此，你才能夠慢慢找回屬於自己的信心。

坦然面對失敗，才有璀璨的未來

勝利不會棄人而去，只有人不懂積極爭取。聰明的人不會為了眼前的失敗而一蹶不振，反倒會把失敗當成東山再起的契機。

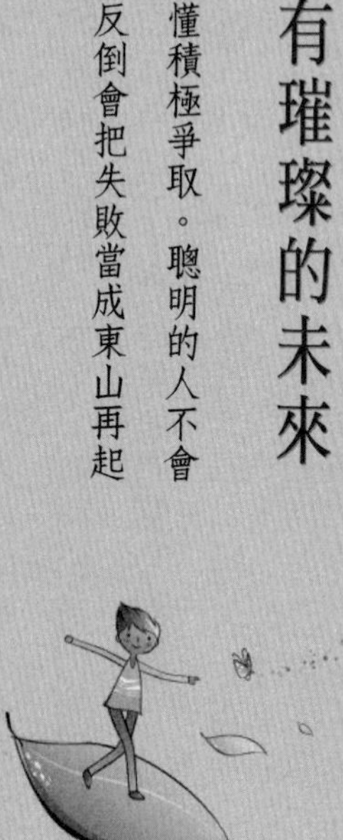

盧梭曾說：「許多人將希望寄託在明天、明年，甚至是不可預知的未來，卻從來不肯努力好好地耕耘現在。」

因爲，這些人並不懂得只要自己好好耕耘當下，只要試著改變現在，就能在無形之中改變自己原本極力想改變的未來，即使失敗也能捲土重來。

成功通常是革舊趨新的結果。只要願意改變，揚棄舊有的方式，找尋到創新的方法，站在巨人的肩膀上，就能看得更高也看得更遠。

事實上，不只成功能夠引導成功，失敗有時也能夠帶來成功的契機。像戴爾·卡內基這樣的成功人士，便從不以失敗爲忤，總是主張：「從失敗中培養成功。障礙與失敗，是通往成功的兩塊最穩靠的踏腳石。」

既然失敗無法避免，坦然面對反而能夠從中獲得防止失敗的線索，進而找尋到成功的道路。

現在很通用的便利貼產品，已是許多人不可或缺的文具用品。不過，沒有太多人知道便利貼的發明，其實是一項失敗造成的。

在3M公司的生產項目中，黏著劑是一項重要的產品，研發單位的使命是要使黏著劑的品質更趨穩定，用量更省，黏貼得更爲牢固。

然而，有一回研發人員設計出來的產品並不如預期，因爲雖然能夠將紙片固定，但是卻無法黏得很牢，而且一撕就撕下來了。

這本來是一項失敗之作，因爲就原本的生產目標而言，黏不牢的黏著劑可以說是黏著劑中的恥辱。但是，在研發人員的巧思之下，反而讓這項缺點變成一種新興的優點，因為，這種輕鬆貼、輕鬆撕的紙片，剛剛好拿來提供人們隨處備忘的需求。

於是，原本的失敗之作，反倒成為3M公司的一項新發明專利，而且靠著它大發利市。

有一些想法聽起來很誇張，評估起來可能也沒有什麼優勢，眼前好像派不上用場，但是這些觀感並非意謂這些想法就是無用的點子，毫無任何可能性。一旦時機恰好，局勢恰好，說不定反而能收奇兵之效。

如果不把失敗當成是一種失敗，而是一種成功的可能性，失敗將不再只是失敗。就好像3M公司的例子，既然黏著劑的目的是把東西黏在一起，那麼不黏的黏著劑能有什麼用？

但是，如果想法可以變更為「可以把不黏的黏著劑用在什麼地方」，那麼，不黏的黏著劑就能找到一個得以被運用的地方。

李白的詩句說得好：「天生我材必有用。」事事物物沒有無用之物，很多看似無用的東西其實只是還沒有找到適用之處。事實上，如果運用得當，垃圾也可以變成黃金。

像用來鋪柏油路的瀝青，就是提煉石油之後的殘渣；像澄粉，就是洗搓麵筋之後的液體排除水分而得的粉末，可以做出蝦餃澄透的餃皮；像醋即是酒釀失敗後的產品……很多原本被視爲廢物的東西，只要加以運用，用對了方法，用對了地方，就是一種新生的產物。

失敗並不可怕，可怕的是沒有坦然面對失敗的勇氣，以及從失敗中站起的決心。只要願意改變現在，就能改變未來。

潛能開發學者派翠克．波特強調：「人生中那些看似錯誤或痛苦的經驗，有時卻是寶貴的。人成功時就容易得意，失敗時就會恐懼。我們必須用心地從所犯的錯誤中學習，而不是一味自責，否則日後依然會重蹈覆轍。」

美國作家亨利．華德．畢屈也說：「是失敗使骨頭堅硬，是失敗化軟骨為肌肉，是失敗使人不可征服。」

當一顆蚌被植入異物，這顆蚌並不會就因此痛苦地求死，而是想盡了辦法將這個異物包容起來，凝結成璀璨的珍珠；異物越大，結成的珍珠也越大、越圓潤。失敗當然是痛苦的，但只要能熬過那段痛苦的感受，化痛苦為成長，失敗便不是結果而是一種通往成功的歷程。

勝利不會棄人而去，只有人不懂積極爭取。所以，走了一步壞棋，不要就此放棄，還沒有拚搏到最後，鹿死誰手還不一定有定論。就算輸了一盤棋，也還有下一盤的機會，再厲害的棋聖也輸過棋，但只有鍥而不捨、永不放棄的棋手才有可能成為棋聖。

聰明的人不會把失敗視為絕境，而是相信「絕處自有生天」的道理，不會為了眼前的失敗而一蹶不振，反倒會試著改變，把失敗的經驗當成東山再起的契機，讓自己擁有璀璨的未來。

危機有時是最佳的動力

危機來臨時，必須當機立斷，一旦過度遲疑，很可能就錯過轉危而安的契機，甚至使自己落入泥淖之中，後悔莫及。

大部分的人都渴求安定，並且爲危機而惶然不安，有時甚至視改變爲猛獸。然而，有些時候，危機的出現，往往是一種最佳的驅動力，可以激發人類的無窮潛能。「危機就是轉機」這句話說得一點也沒錯，如果沒有危機出現，我們又如何能夠警覺到該是改變的時機了？

此外，改變往往意味著某種風險的存在，如果不是迫切的危機逼使你即刻行動，你恐怕會因爲擔心和害怕而使得自己的腳步猶疑。

我們處事之時，總不免希望進行全面性考量，想辦法求得最完善的解決方案，但是，當危機迫在眉睫的時候，已經沒有時間再思考什麼最佳方案，也沒有空閒考慮各種後果，只要是可行的方案你就非做不可。

有一個實驗是這樣的，想像有一根三十公分寬、三十公尺長的鋼樑，架設在兩棟四十層樓高的建築中間，如果給你一百元美金，你願不願意過過這道鋼樑架設的橋？

絕大多數人的答案都一樣：「免談！四十層樓耶，那麼窄的鋼樑！想都別想，要是不小心掉下去怎麼辦？」

沒錯，要是不小心，真的會掉下去。可是，如果把你的小孩抓到四十層樓上，威脅你如果不立刻走過那道橋，你的小孩就會被丟下去。

這個時候，絕大多數人的答案也一樣，就是二話不說踏出腳步，順利且幸運的話，便能成功走過這道鋼樑。

同樣的任務，同樣的受命者，爲什麼反應會有如此大的不同？

研究者認爲，這是因爲受命者的目標改變了。在前面的情況中，受命者所關注的目標是不想掉下去，萬一掉下去可不得了；但是後面的狀況則是要救回自己的孩子，無暇去考慮自己的腳該放哪裡？手臂又該怎麼放？是要一小步一小步地慢慢移動呢？還是快速走過去？這時心心念念的只有自己的小孩，除了讓孩子脫離險境，其他什麼都不在乎。

這時候，人的大腦會將控制權暫時交出，由身體自然反應。所以，研究者推論出一個結果，就是，如果人把心智全部專注在某一個目標上，心智就會自行運作，幫助自己找到方法。

或許，我們應該更加信任自己，不該在行事之前一再以質疑的態度懷疑自己的能力。「萬一失敗怎麼辦」、「如果我怎麼做會不會比較好」、「別人是怎麼做的？我需不需要用他們的方法」……這些負面的思緒，通常會讓我們浪費許多時間。我們美其名在周延思考，其實是在規避行事。

如此一來，很多事情因此錯失了良機，很多事情因此失去了時效，很多機會一去不再復返。有時考慮得太多，反而會讓自己毫無所依、不知所措。

就好像練習投籃，你越去設想要怎麼投，用什麼樣的姿勢投，越有可能投不進。本來，由於不斷練習，已經使你的身體記憶了進球的方法，站的位置剛好，投球的姿勢剛好，球一投就進，彈無虛發；但是，你如果要求自己調整到正確的位置、正確的姿勢，反而讓自己的身體太過集中於要符合位置和姿勢，卻忘了目前的工作只是把球投進。

《與你在巔峰相會》的作者金克拉曾語重心長地說：「生活就像一盤棋賽，坐在你對面的就是『時間』。只要你猶豫不決，你必將被淘汰出局。如果你持續下去，還有獲勝的可能。」

所以，危機來臨時，你必須當機立斷，一旦過度遲疑、左顧右盼，很可能就錯過轉危為安的契機，甚至使自己落入泥淖之中，後悔莫及。只要平時為自己做好萬全準備，到了危急時刻，必定能夠自然反應，幫助自己化危機為轉機。

把你的藉口燒掉，全心全力邁向成功

條條大路通羅馬，只要你想走，不管哪一條路都可以讓你走到目的地。所以，即刻起，燒掉你的藉口，全心全意地邁向成功。

「破釜沉舟」這句成語的源由起自於項羽攻秦，當時項羽爲了讓士兵能夠全心全意地勇往直前，於是下令所有人員將煮飯用的鍋子全都打破，渡了河之後，又命人將船隻鑿沉。此舉一方面宣示戰勝的決定，一方面斷絕兵將的退路，使楚軍只能正面抗敵，全力應戰，不成功便成仁。

無獨有偶的，在西方歷史上也同樣有一名戰功顯赫的將軍，曾經用過同樣的招數，這個人就是凱撒。當時，凱撒下令把船燒掉，向部隊強烈宣示，此役已無法撤退，除非成功征服這個國家，否則只有死路一條。一切別無選擇，也沒有藉口。同樣的，想要成爲一名成功者，你也必須從現在改變你的心態，燒掉你的藉口，阻斷你的後路。

有位年輕人由於過度消費和錯誤投資，積欠銀行一筆無法支付的卡債。既然錢能滾錢、利能滾利，債當然也會滾債，加上他因爲和老闆鬧翻而離職，沒有收入又一直還不了錢的他，只能四處靠親友接濟過活。

然而，同情是一回事，依賴又是一回事，當親朋好友能借的全都借完了，而他借了又沒辦法還，最後很多人都開始避不見面，表面上即使不說，心裡到底視他爲瘟神了。他雖然心知肚明，但是沒法維生又沒法還債，也只能厚著臉皮四處調頭寸。無疑的，他吃的閉門羹次數也越來越多了。

事情一直惡性循環，直到他再度拜訪了最好的朋友，也得到前所未有的羞愧爲止，才眞正讓他痛定思痛。

那一天，他來到朋友的住處，閒話了幾句總算把話導入正題，朋友知他的來意，立刻歛起客套的笑意，問道：「講眞的，你現在到底欠了多少？」

他扭捏了一陣，據實以告：「大概八百多萬……」

朋友很訝異他的負債數字，只能問他到底有什麼打算。

他回答：「我現在也沒有頭緒，但是，我的工作沒有著落，銀行又催著我還錢，連吃飯的錢都沒有了……」

朋友說：「先找份工作再說吧！至少能夠溫飽。」

他立刻回應：「之前本來有家公司要我去，但是薪水少得可憐，老闆又難相處，好不容易等到發薪日，拿到的錢連付利息都不夠！所以想換個工作，唉！你不知道現在工作多難找，寄了幾百封履歷也沒用，都不懂爲什麼有人能夠月入數十萬，我偏偏就只有還不起債的命！」

朋友的表情一沉，問說：「所以，你就把工作辭了？」

他倒是理直氣壯地回答：「哼，此處不留爺自有留爺處！我就不信我找不到一份好工作……」

朋友再問：「那你今天來找我做什麼？」

他總算爲朋友的不悅口氣所懾：「呃……銀行逼得很緊，我連喘口氣都不行，這個月再不還錢，我怕會被催債公司的人對付，所以我想……」

朋友一口打斷他的話：「好了，你不用再說了，講眞的，要借錢，我沒有。」然後掏出皮夾，拿出幾張紙鈔，「我把我皮夾裡的錢給你，喏，一共四千，夠你吃喝幾天了，不過，我希望你以後不要再來找我了！」

見朋友儼然一副送客模樣，他動也不能動，眼前這個人不是他最要好的朋友嗎？爲什麼對他這般無情？他知道朋友在科技公司上班，日子過得不錯，才想來試試看能不能幫他一把，但想也想不到，竟是現下的狀況。

朋友說：「你拿了錢走吧！現在的你，誰也幫不了，我想也沒有人願意幫你，至少，我這裡你不用再來了。」

他忍不住問：「爲什麼你突然……」突然翻臉不認人。

朋友的怒氣，並沒有止歇：「你想問我爲什麼不聽你說？我告訴你，我沒有你這種朋友，你只想借錢了事，卻一點也不想解決問題。如果你眞想還錢，就不會有這麼多藉口，如果你眞的有心解決問題，就不會妄想靠別人來幫你還債。如果我現在借你錢，而不罵醒你，我就是在害你。你仔細想想你爲什麼會走到這個地步，老實告訴你，在你來之前就有人警告我你會來跟我借錢，我會讓你來，就是想看看你到底是怎麼想的。不過，我感到非常失望，因爲像你這種人根本不値得我幫忙。」

他聽完朋友的話，早已忍不住淚流滿面，到這一刻他才發現，正是自己的態度讓他走到絕境深處，如果再不回頭，就永遠回不了頭了。

他並沒有帶走那四千塊，而是到了一處工地應徵臨時工，同時和銀行協商還款計劃。後來，他輾轉找到一份保險員的工作，傳了一則訊息給朋友：「你的話讓我很痛苦，但也讓我醒悟，不管你還當不當我是朋友，我依然敬重你這個朋友。」

他的朋友沒有回他簡訊，但是向他買了一份保單。

不可否認的，做每一件事都可能產生千百種問題來妨礙你，即使是雞毛蒜皮的小事也可能牽絆你的腳步，擋住你的成功之路。然而，我們必須正視一個事實，每一個問題都有應對的方法，端看你想不想解決。

比方說，你想做生意可是沒有足夠的錢，那就認眞賺錢、存錢，或是去貸款、借錢，如果只要有錢就行，要錢很簡單。

又比方說，你沒有時間，那就少睡一點，早起一點，或是利用搭車的時間，如果只要有時間就行，要時間也很簡單。

如果你能力不足、技術不夠，那就多練習、多學習，想方設法地向別人請益……顯然任何的疑惑，終究找得到答案。

所以，所有的藉口都不是藉口，所有的阻礙都可以排除。就好像故事中的年輕人，在朋友的惡言刺激之下才眞正正視自己的問題，也才眞心希望解決問題，最後也確實找到解決問題的辦法。

條條大路通羅馬，只要你想走，不管哪一條路都可以讓你走到目的地。所以，即刻起，燒掉你的藉口，全心全意地邁向成功。

與其認輸，不如先踏出第一步

我們花了太多時間在想而沒有花時間在做，所以最後在緊要關頭，總是只能倉促了事，只能眼睜睜地看著機會溜走。

《生命是一個奇蹟》的作者查理．瓊斯認爲：「如果一味追求完美，除了做夢之外，你不可能做出太多的事，但是，行動會告訴你怎樣在每天的生活中一步步達到完美。」

瓊斯所說的道理其實很簡單，如果你一直停留在思考怎麼把事情做得完美的階段，不但很難達到完美，甚至連完成都談不上。但是，如果你邁開步伐立即行動，那麼在一步又一步的足跡之中，你將會發現其實自己正完美地往目標前進。

有一位女孩向大師請益寫作的方法，大師並沒有拒絕，但是要求她要進行一段測驗，女孩立刻答應了。

首先，女孩被要求以五百字寫出一篇有關國家的短文，但是，她想了半個多鐘頭還不知該從何下筆。

後來，大師要求她改寫她所在的城鎮，她還是寫不出來。而後，範圍再度縮小，只要描寫鎮上最熱鬧的大街就好，可是結果還是不行。

女孩感到非常沮喪，忍不住哭喪著臉，開始覺得自己根本一點天分也沒有，或許根本就不該嘗試寫作。

但是，大師仍然繼續要求她，對她說：「去吧，我們把範圍縮小到大街上的一棟建築物就好了，我看就歌劇院吧，歌劇院的正面牌樓，妳試試看從左手邊上的磚牆開始。」

於是，女孩帶著拍紙簿離開了。一個小時後，原本一個字也寫不出來的她，竟交來了一篇近五千字的文章，而且就如大師所要求的，是一篇描寫歌劇院正面的文章。

她對大師說：「我坐在歌劇院對街的漢堡攤，開始寫第一塊磚頭，然後第二塊，到了第三塊的時候，靈感就一直來了，我幾乎停不下來。」

大師微笑地點點頭說：「我想妳已經知道寫作的方法了。」

事後大師提起這一段過程時表示：「她一開始的文思整個堵塞了，因爲她想引述曾經聽過的，也想寫眞正有代表性的，但偏偏一時之間又想不起什麼可寫的，想不到任何值得轉述的東西。所以她完全不知該從何下筆，她不知道可以自己尋找新的觀點，而不用管別人曾經說過什麼。現在，我想她已經抓到訣竅了。」

沒有人喜歡品嚐失敗的滋味，所以，越是在意、越是在乎，越是忍不住小心謹愼，思量再思量。

但是，我們常常忘記，我們花了太多時間在想而沒有花時間在做，所以最後在緊要關頭，或是時限到來的時候，總是只能倉促了事，只能眼睜睜地看著機會溜走。

反過來想，如果我們專注於眼前這一步該怎麼走，一旦腳步踏實了再繼續往前走，會不會反而讓我們順利抵達目的地？

故事中的女孩，原本太過於執著寫作的想法，所以，在眾多資訊當中卻反而不知該如何下筆，彷如被強光照射而感到目盲一樣，一時間什麼也看不清。後來，大師將範圍縮小到一塊磚，就好像將光線調弱而後聚焦到一處，她才能走出自我設限的障礙。

就好像在漆黑無邊的黑暗裡，你雖然只有一盞小小的燭光，光線微亮讓你看不清出路，可是卻能幫你照亮眼前一步的距離，讓你不至於在無盡的黑暗中摸索，至少能夠一步一步地往前走。

再舉個例來說，下圍棋的時候很注重佈局，前輩總是會告訴你，不要只想一步，而要把接下來的可能下法全都想得透徹，如此才能立於不敗之地。

也就是說，除了設想自己接下來的棋步該如何走，也要把對方的棋步一併佈進局裡，才能將棋局的盤勢操在手裡。

然而，這並非意謂著當你無法設想出千百步的可能下法，甚至連後十步都想不出來時，你就得棄子認輸。即使你的每一步落子都在對手的預期之中，讓你不得不心服，但你至少能夠把棋走完，等於是讓對手幫你下了一盤指導棋。知道自己是怎麼輸的，便是你從這盤棋中得到的收穫。

能不能踏出第一步，攸關成功與不成功的結果。就像抬頭見山，山似在不遠處，但倘若不能即刻啓程，想到達山頂無疑緣木求魚，只有永遠停留在山下繼續欣羨登上頂峰人士的份。

走不同的道路，看不同的風景

讓自己保持在變動的狀態，腦子跟著世界轉動，創新的點子源源不絕，永遠能夠走在別人的前頭，比別人看到更多。

沒有人能夠盡訴這個世界的美好，我們只能感受到我們接觸的世界，那很可能只是世界中極微小的部分。幸好，我們可以彼此交流，感受別人的感受，透過別人的眼睛看世界。

不管是觀看電影、閱讀作品、聆聽音樂……都提供了我們認識和詮釋世界的一種角度。我們接觸得越多，視野越廣、視界越寬，我們的心和思緒也會益發寬廣，不會因爲一點小事就覺得天要塌下來似的。

給自己多一點空間接觸這個世界，給自己多一點時間觀察這個世界，你將會發現有許多奧妙之處，其實都隱藏在細節之中，只是你從未細看。

有一位作家住在洛杉磯，他的住家距離辦公室不過十哩遠，而且沿途只需經過一條市區道路就到了，連轉彎都不用。不過，他每天上班的時候，從不走這條市區道路，更明確一點來說，九年下來，他每天都走不同的道路去上班，沒有一天是相同的。

他回憶起這九年來的經過，笑著說：「老實說，有時候我甚至必須做一些很瘋狂的事，才能讓自己走不同的路上班。有時候得鑽小巷子，有時候得穿過住宅或別人的院子，甚至要開上與目的地完全相反的快速道路。總之，我從不走相同的路。」

當他回應別人的好奇詢問時，聳聳肩說：「或許你覺得我瘋了，但我敢跟你打賭，我九年來看過的洛杉磯，比起大多數人一輩子看到的還多。」

故事裡的作家，拒絕讓自己停留在「無知」的狀態，以想盡辦法親身經歷的方式認識自己居住的城市。

他的方法很誇張，卻也因為九年下來的鍥而不捨，讓他的眼界真正打開，而不自我設限。

《智慧書》的作者葛拉西安強調：「一個人所掌握之知識的深淺，決定了他成就的高低。如果學識豐富，所知甚多，則無事不可為。那些孤陋寡聞者則如同將自己囿於一個黑暗世界。」

一個人知道得越多，越能夠認清自己，越能夠求得自我的成就。相對的，一個人如果不知道有光的存在，便會認為這個世界只有無邊的黑暗。

無知和視界狹小的人，當然也能生存，但是我們卻無法否認，「知」得越多，越能讓我們有選擇的機會。

就好像，你原本只知道一種品牌的洗衣粉，也一直使用這種品牌的洗衣粉，但是，有一天有人推薦你另一種品牌的洗衣粉，而且提供你試用品，你回家試洗之後發現新品牌的洗衣粉，可以把白衣服洗得更白、彩色衣服洗得更加色彩鮮明，有更芳香的味道，而且還強調有殺菌效果對健康更有益處。下一次，當你要添購洗衣粉的時候，你就有了新的選擇機會。你可能還是會依習慣選用了舊有品牌，但是這是你自我評估選擇後的結果。

如果一直停留在「無知」的狀態，我們當然不知道原來還有其他的可能，久而久之便會停留在「安於現況」而永遠無法更新與進步。

很多人習慣安定，找到一條所謂最好的道路之後，就不願再任意變動，只因爲任何的意外都代表著不可預知的結果。但有些人比其他人多了些冒險心，就好像故事裡的作家一樣，他們會讓自己保持在變動的狀態，時時更新，刻刻創新；他們的腦子跟著世界轉動，創新的點子源源不絕，永遠能夠走在別人的前頭，比別人看到更多。

我們可以不用像那位作家一樣瘋狂，但我們可以效法他求新的態度，從自己的生活周遭開始，試試行走不同的道路，看看不同的風景，一定也能獲得更多不同的生活感觸和體會。

堅持自我的價值，才能讓別人信服

為自己堅持，為自己奠基，累積自我的價值，就像是千萬年前的灰炭在時光與重力的擠壓之下，昇華成為鑽石。

人是用語言溝通的動物，每一個意見表達出來之後，就會開始遭受其他人的檢核和質疑，任何一種意見都會有人持相反的意見來反對它。

很多時候，事情並不一定只有對或錯兩種答案，而是每個人做了不同的選擇。

別人的意見可能是對的，但你自己的意見也不一定是錯的；當意見沒有辦法獲得共識的時候，既堅守自己的立場，也靜心傾聽他人的說法，或許會是一種合宜且溫和的態度。

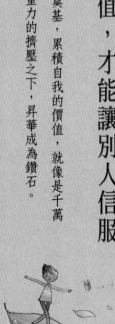

廣告名人巴德·羅賓斯年輕時曾接手爲一家鋼琴公司撰寫廣告文案，第一個任務就是以大型的平台鋼琴爲主體製作廣告。但是，羅賓斯從來沒有彈過鋼琴，也對這種樂器沒有任何概念，根本想不出有什麼道理，有人會花五千美元買這家公司的鋼琴，而不買其他公司生產的。

後來，他只好拜託鋼琴公司讓他參觀製琴工廠，從頭了解製作鋼琴的各個環節與步驟。但是，可以猜想得到，即使他看遍了整個生產流程，其實還是看不太出這家公司生產的鋼琴有什麼樣的獨特性。

他隨著銷售經理來到展示廳裡，大廳裡擺放著一架該公司的頂級平台鋼琴，而旁邊則放置了另外兩家知名廠牌的同級產品。

羅賓斯說：「哇！它們看起來可眞像！」

對一個鋼琴外行人來說，除了顏色和質材之外，實在分辨不出兩架鋼琴有哪裡不一樣。

銷售經理則回答：「是啊，的確如此，不過，我們的琴比較重。」

羅賓斯不解地問：「比較重？為什麼比較重？」

銷售經理說：「因為弦壓的關係。」

好奇寶寶羅賓斯當然立刻追問：「弦壓？什麼是弦壓？」

銷售經理也有問必答地說：「來，跪下來，我指給你看。」

於是，兩個人便一起鑽到平台鋼琴底下，原來在琴弦上有一塊金屬條固定著，迫緊最高的音鍵。

銷售經理說：「鋼琴的弦要五十年才會偏移，這時候弦壓才會發揮作用，有了弦壓就可以避免琴弦偏移。」

羅賓斯忍不住問：「你是說這個弦壓五十年都派不上用場？」

銷售經理回答說：「確實是這樣沒錯，不過，我想大都會歌劇院之所以會選擇這架鋼琴，一定有他們的道理。而且，我想他們的弦壓現在應該開始派上用場了。」

羅賓斯很驚訝，因為原來世界級的音樂廳也選用了這家公司的鋼琴，那表示這架鋼琴確實有過人之處。

後來，羅賓斯有機會遇到知名音樂家史蒂文生女士，這名女士正負責遷移大都會歌劇院的工作。史蒂文生女士對羅賓斯說：「大都會歌劇院唯一想搬過去的，就是那架鋼琴。」

這句話，之後也成了羅賓斯撰寫廣告文案的第一個標題。

一個小小的弦壓，可能五十年都派不上用場，但是只要時間空間對了，這個弦壓就是成敗的關鍵。

這家鋼琴公司的銷售經理，從頭到尾不曾詆毀過他的對手廠商，只是誠實地將自家產品的優點眞實陳述，沒有執意要求巴德羅賓斯相信，也沒有任何吹捧和說服的言詞。

然而，他們所堅守的堅持和價値，最終得到了事實的佐證，因此眞正成爲一項令人信服且堅不可摧的優勢。

眞正的美玉，即使只是一塊璞玉，經過琢磨之後就會顯現出應有的光芒。有時候，我們不能一下子獲得其他人的認同，但是如果能夠堅守自己的原則與價值，最終，總有眞相大白的一天，總有識馬的伯樂會出現；到那時，就是我們發光、發熱的一刻。

爲自己堅持，爲自己奠基，累積自我的價値，就像是千萬年前的灰炭在時光與重力的擠壓之下，昇華成爲鑽石，將會在某一天爲識貨的採礦人尋得，顯現出炫目的光芒。

省思自己的特質，找到適合的道路

給自己一個爭取的目標，也給自己一個前進的動力，在需求與獲得的良好循環之中，我們的收穫將會更豐富。

高爾基曾經寫道：「不知道現在該幹什麼事的人，根本看不見未來。」

其實，人生最重要的事，並不在於我們未來會在何處，而是在於我們現在該往哪個方向移動，只要你能隨時修正現在的腳步，往對的方向前進，自然而然就能擁有你想要擁有的未來。

雖然我們知道人生的道路該由自己決定，但是面臨抉擇的時候，我們或多或少還是會覺得茫然。這是因爲我們對自己的認識還不夠，不夠清楚知道自己眞正想要的到底是什麼。

說到底，我們總得先試著去了解自己是個什麼樣的人，有什麼樣的人格特質，喜歡什麼樣的生活情境，我們才能真正找到自己的人生之路。

美國最大的廣告公司——博達華商廣告公司的創意總監傑克．福斯特，年輕的時候曾經有過一段與眾不同的經歷。

十八歲的時候，他曾經任職於一家保險公司，當時這家保險公司的規模約有一百五十名員工。

在他領了幾個禮拜的薪資之後，突發奇想地想了個驚人的點子。他暗中把自己的週薪支票拿來當做抽獎的禮金，聲稱只要花五毛錢，就有機會贏得那張二十七點五美元的支票。

結果，第一個禮拜，他淨賺了六美元。

到了第二個禮拜，他的獲利已經提升到五十三美元了。但是，他的上司發現了這件事之後，下令他把所有的錢退給每一個人，然後炒了他魷魚。

至此之後，福斯特的創意想法依舊源源不絕地出現，也開始努力嘗試不會被炒魷魚的點子。當然，他成功的機率挺高的，而且成功進入廣告業。爲客戶撰寫文案的工作，顯然恰恰好符合他的人格特質，使他如魚得水地在這個行業裡發光發熱，獲得無數的成功。

顯然，傑克．福斯特在那家保險公司裡無法得到他所需的成長養分，而他的離開才是追尋自我成就的開始。那名將他解職的老闆，從某種角度來看算得上是他的貴人。

因爲，他如果不離開那家公司，也許就沒有辦法獲得進入廣告業的契機，從此眞正發揮他的才幹。

小廟裡供了大佛，無人知也供不起，其實只是互相爲難；在大廟裡供了小佛，看起來不當，也不足以令人信服。

在職場上又何嘗不是如此？

我們常常聽到高學歷、高能力的員工去應徵一般作業員或小工，結果反而沒有被錄取的情況。會有這種景況發生就在於，這些高能力工作者雖然應付簡單的工作綽綽有餘，但是別人總會認爲他們應該可以得到更高薪、高成就的工作，現在之所以願意屈就必定有所原因，恐怕沒有多久就會想要離職，所以根本不敢錄取他們。

如果這些人不能認清自己的需求與能力，類似的狀況可能會不斷發生，反而會挫折他們的熱情。

有句話說「殺雞焉用牛刀」，細究來看，這句話其實沒有瞧不起雞的意思，因爲用牛刀來殺雞，不見得就會比較順手、比較好用。適才適性，才是最正確也最具效能的選擇。

因此，如果你眞的想達成一個目標，最好將自己置於那種極度需要的環境當中，讓自己被需求，如此自己便會爲了符合需求而不斷追求進步。

就好像一個肺部功能受損的病患，如果持續提供充足且大量的氧氣，只會令他持續依賴呼吸器而已，反而會使得肺部功能更快衰敗。但是，如果提供他比需求量略少一點的氧氣量，就會刺激他的肺部功能為了獲得足夠的氧氣而加速活化與復原，才可以漸漸擺脫呼吸器的支持。

我們的人生也是如此，把自己置於比充足和不虞匱乏低一點的環境裡，無形中給自己一個爭取的目標，也給自己一個前進的動力，在需求與獲得的良好循環之中，我們的收穫將會更豐富。

反思自己的特質，正視自己的能力與專長，如此才能為自己找尋到最適合的人生跑道。

5

PART

在絕望的時候，不要忘了心懷希望

人生彌足珍貴的兩件寶物——
一件是樂觀且積極的心態，
另一項就是一股屹立不倒的信念。

活在當下，珍惜現在

把握現在，盡自己的力量去發揮、去闖蕩，看看自己可以做到什麼程度，別給自己後悔的餘地。

美國哲學家弗藍克．堤利曾說：「人生就是行動、鬥爭和發展，因而不可能有什麼固定不變的目標，人生的慾望和追求絕不會停止不動。」

只不過，爲了滿足慾望而一味地追求，眞的會讓人進步、滿足？誰能保證過度的追求，獲得的不會是退步和空虛？

有人說慾望是塡不滿的黑洞，爲了追求慾望的滿足，每個人打一出生，就開始一連串不間斷的追求路程，至死方休。

擁有慾望的需求並不可恥，可恥的是在於過度的追求、不合理的奪取和貪婪的佔有。美國文學家馬克吐溫就曾這麼不客氣地說過：「貧窮者希望得到一點東西，奢侈者希望得到許多東西，貪婪者希望得到一切東西。」

言下之意，說明了貪心不足的人得到越多，就會想要更多。

只是，我們得到了許多之後，肩上的包袱是不是越來越沉重了呢？當需求不斷地加大之後，我們心裡會不會更加空虛？

一對夫妻住在八十層樓上，有一天外出旅遊回家的時候，卻發現大樓停電了，雖然身上揹了大包小包的行李，但是想要回到家裡，除了爬樓梯之外並沒有別的選擇。

兩個人便從一樓開始，一階一階地往上爬。到了二十層樓時，兩個人實在累了，於是丈夫說：「包袱實在太重了，不如這樣吧，我們先把它放在這裡，等到電來了，再搭電梯下來拿。」

身上沒了沉重的包袱，果然輕鬆多了，兩人一路有說有笑地往上爬。來到了四十層樓時，體力漸漸不支，過度的疲累使得他們兩個開始相互埋怨，指責對方，就這樣邊吵邊爬，倒也爬上了六十層樓。

也許是因爲兩人最後累得連吵架的力氣都沒有了，丈夫對妻子說：「不要吵了，爬完它吧！」

終於，八十層到了！但是，到了家門口，夫妻倆才發現他們把鑰匙留在二十層的包袱裡了……

有人說，這個故事其實反映了我們的人生。

二十歲以前，我們活在家人、老師的期許之下，背負著很多的壓力、包袱，自己也不夠成熟，步履難免不穩。

二十歲之後，離開了衆人的壓力，卸下包袱，開始努力追求自己的夢想，就這樣過了愉快的二十年。可是，到了四十歲，發現青春已逝，不免有許多的遺憾，遺憾這個、惋惜那個、抱怨這個、痛恨那個……就這樣在抱怨和遺憾中度過了二十年。

到了六十歲，發現人生已剩不多，於是告訴自己不要再抱怨了，珍惜剩下的日子吧！於是默默地走完自己的餘年。到了生命的盡頭，才想起自己好像有什麼事還沒完成，原來，我們早把夢遺留在二十歲的時候。

人生中總有許多不得不妥協的時候，在夢想與現實之間，我們會如何取捨？在我們有生之年，什麼事情最重要？什麼物品最不可或缺？什麼人你最在意？什麼目標你最想完成？

每一個人都有權決定自己這一生該怎麼過，當你面對這些問題的時候，心底早就應該要有定案。

俄國劇作家奧斯特洛夫斯基勵我們：「你要千方百計，按你自己的辦法，為自己找到幸福。」

要過什麼樣的生活你可以自己決定，要擁有一個怎麼樣的人生你也可以自己決定，但是想要完成這個計劃，你必須親自動手且須負全責。

沒有人要你放棄夢想，就算眞有人這麼說，你也可以不予理會，盡力去追求理想。一旦你放棄了，也是你自己的抉擇，無須找藉口。

與其空嘆懊悔，何不活在當下？把握現在，盡自己的力量去發揮、去闖蕩，看看自己可以做到什麼程度，別給自己後悔的餘地。就算夢想幻滅，也證明你曾經眞正地努力過。

展現生命的無窮力量

人是自己幸福的創造者，如果你要幸福，你就會幸福。

——契訶夫

快樂地工作，從工作中獲得快樂

一件事情，可以開開心心地進行，也可以苦著臉去做，但是這一段進行的過程中，心裡的感受絕對不一樣。

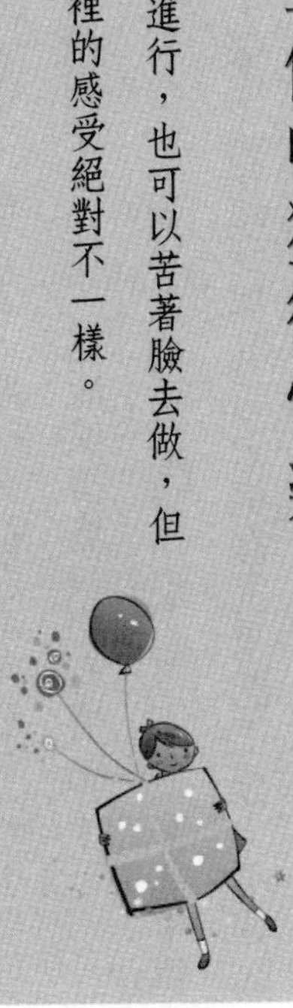

科學家愛因斯坦曾經說過：「真正的快樂，就是對生活的樂觀，對工作的愉悅，對事業的興奮。」

你知道嗎？打從進到職場工作開始，除了睡覺、吃飯、胡思亂想……你一生中大多數的時間裡都在工作渡過。

既然工作佔了這麼大的比例，如果我們想要得到一個快樂的人生，首先就要想辦法改變自己的心情，快樂地工作，再試圖從工作中獲得快樂。

美國西雅圖有一個很特殊的魚市場，據說在那裡買魚不只是一種採購，還是一種快樂的享受。

市場裡除了充斥著各種海魚的味道之外，還有魚販們快樂的笑聲。每一攤的魚販都面帶著笑容，像合作無間的棒球隊員似的，將冰凍的魚像棒球一樣投擲在空中飛來飛去。

大家還互相唱和著：「啊，六條鷹魚飛往明尼蘇達去了」，或是「注意！十隻螃蟹將飛到堪薩斯」。

快樂和歡笑在每一攤魚店裡流過來，飄過去，連顧客都忍不住笑了開來。

有人問：「爲什麼你們在這種環境下工作，還能保持愉快的心情呢？」

魚販你一言我一語地說著，事實上，幾年前的這個魚市場也是一個毫無生氣的地方，大家整天抱怨，後來，大家才體認到與其每天抱怨沉重的工作，不如改變工作的品質。

於是，他們不再抱怨生活的本身，而是把賣魚當成一種樂趣。後來，一個創意接著一個創意，一串笑聲接著一串笑聲，他們便成爲魚市中的奇蹟。

想不到，大伙練久了，竟然人人身手不凡，幾乎可以和馬戲團演員相媲美。這種工作的氣氛還影響了附近的上班族，他們常到這兒來和魚販們一起用餐，感受他們樂於工作的好心情。

看完這個故事，你也許會嗤之以鼻：「賣魚就賣魚，幹嘛搞那麼多花招？」

但是，我卻以爲，如果他們不是眞心地投入自己的工作，在工作中找尋到自我的價值與認同，絕對無法在其中找尋到那滿溢出來的快樂的。

把不滿的情緒收藏起來，替代以愉快的念頭，我們就能夠快樂地工作，進而在工作之中尋得更多的快樂。

一件事情，可以開開心心地進行，也可以苦著臉去做，但是這一段進行的過程中，心裡的感受絕對不一樣。

心理學裡有一種關於「心流」的描述，強調一個人全心投入某一項工作的時候，心中會有一股能量不斷流動，爲我們帶來愉悅的感受，而這種感受可以讓我們完全忘記時間的流逝。

很神奇吧，用心與否竟與快樂與否息息相關！

不要以既定的觀念去檢視自己的工作，或評量工作的價值，改個念頭，你的生活就能快樂許多！

展現生命的無窮力量

快樂的秘訣，不是做自己喜歡的事，而是去喜歡自己做的事。

——詹姆斯．巴利

在絕望的時候，不要忘了心懷希望

人生彌足珍貴的兩件寶物——一件是樂觀且積極的心態，另一項就是一股屹立不倒的信念。

丹麥童話作家安徒生曾經說過這樣一句話：「希望之橋就是從『信心』這個字開始的——是一條把我們引向無限博愛的橋。」

在作家眼中，愛與希望是人生的一切救贖。

我們一生中，總有些時候會不小心陷入黑暗之中，如果我們心中沒有一盞由愛和希望點燃的燈，便一步也移動不了，只能在黑暗中茫然摸索。

幸好，那盞燈的光與熱不會完全消失，縱使只剩下寥寥火星，只要我們添入一絲希望，那小小的火苗就會緩緩燃起，為我們照亮方向。

有一位學者，年紀不過近四十歲，便被醫生診斷出患有白血病，這項噩耗一時間將他由光輝燦爛的榮景打入無邊無際的絕望當中。

痛苦的治療過程，沒有完全痊癒的機會，他的心底已經完全為黑暗籠罩，每到了夜深人靜的時候，無盡的孤寂感幾乎要殺死他，自殺的念頭更是在他腦中盤旋不去。

一天傍晚，他躲過了護士的查房，一個人逃離了醫院，在人來人往的街上遊蕩。走著走著，他聽見了一陣悠揚的二胡聲，而後伴隨著的是豪邁的歌聲。嘶啞的嗓音，聽在他的耳裡，似乎勾起了心中的一股哀傷。他好奇地循聲走去，來到了天橋下。

他看見一個雙目失明的老人，手裡拉著一把破舊的二胡，對著周邊寥寥無幾的路人自彈自唱，老人自在投入演唱的模樣，深深地吸引他的目光。

最令他好奇的是老人的腰上繫著一面小小的鏡子，一曲結束，他忍不住走上前去詢問老人：「請問您身上帶著鏡子，是嗎？」

老人點點頭說：「是啊，自從我離家以來，這面鏡子就一直帶在我身上。坦白告訴你，我有兩件非常重要的寶物，一件是我這把跟了我一輩子的二胡，另一件就是這面鏡子了。」

「可是，這面鏡子對你來說一點意義也沒有啊！」雖然知道這麼說很失禮，但還是忍不住問了出口。

老人聽了果然變了臉色，神情凝重地對他說：「現在或許尚無意義，但我總希望有一天奇蹟會出現，那時我就能用這面鏡子清楚看見我自己的臉。所以，我始終將它帶在身上。」

一句話，反擊得他一句話也說不出來，一位盲人尚且不放棄重見天日的希望，反觀自己現在能做的事情其實還很多，卻一直活在絕望之中。

一時間他徹悟了，也重新找到適合自己的生存方式。

他回到醫院，重新接受醫生的治療，儘管每次化療的過程幾乎都令他痛不欲生，但卻始終沒有擊垮他求生的意念，他也沒有再試圖脫逃過。

經過一段時間的治療，他的病情獲得了控制。他提起了筆，開始嘗試作詞作曲，一心要在短暫有限的生命裡完成自己未竟的夢想。

他對朋友說：「自從我與那位老人相遇之後，我也終於擁有了人生彌足珍貴的兩件寶物：一件是樂觀且積極的心態，另一項就是一股屹立不倒的信念。就當作上帝打算和我玩一趟生死遊戲，就算祂想拉我上天堂，我也要在天堂高唱一曲之後再回來。」

馬丁．路德說：「強大的勇氣及嶄新的意志，就是希望。」

故事裡的學者，在最黑暗也最絕望的時候，終於在盲眼老人激勵下，重新點燃了自己的希望，以堅強的信心，決心與上帝拔河到底，那一份堅定的意志，令人動容也令人佩服。

不幸是天才的晉身階，信徒的洗禮水，不論遭逢如何不堪的際遇，都要試著在絕望之中懷抱希望。

挪威劇作家易卜生曾在著作中勉勵我們：「不因幸運而故步自封，不因厄運而一蹶不振。真正的強者，善於從順境中找到陰影，從逆境中找到光亮，時時校正自己前進的目標。」

頭頂的陽光總會有被遮蔽的時刻，如果我們陷入了絕望，將永遠停滯在黑暗之中；只要能懷抱著希望繼續向前行，總會有重見光明的一天。

展現生命的無窮力量

路再長也有終點，夜再黑也有盡頭。

——坦桑尼亞諺語

善用語言和機智，可收得最大利益

我們經常藉由語言的力量，破壞了人與人之間的和諧，讓言語成為另一種傷人的武器。

語言，是一種力量極爲強大的武器。一如其他的武器，語言也是雙面刃，可以傷人也可能傷己，使用時得特別小心。

美國作家霍桑就曾經這麼形容過語言的力量：「詞彙——當它們排列在詞典中時，顯得如此單純纖弱，但若掌握在一個懂得如何組合它們的人手中，它們行善或作惡的能力，將會變得何等強大啊！」

讓我們來見識一下語言究竟有多大的力量。

著名的恐怖懸疑片大師希區考克，據說有一次在蘇格蘭山區裡迷了路，不知走了多久，才在漆黑的夜色之中見到一抹亮光。他立刻加速朝向光亮處前進，總算來到一戶人家門前。

敲了敲門，等了又等，總算有人前來開門。但當他向屋主提出借宿一晚的要求時，卻立刻遭到嚴辭拒絕。

屋主大叫：「我家又不是旅店！我幹嘛要借你住？」

屋主的態度實在不佳，但餓昏了也冷斃了的希區考克不願就此放棄，靈光一閃，笑著說：「只要我問你三個問題，就可以證明這間屋子就是一家旅店。」

屋主聽他口氣狂妄，氣不過，便對他說：「好，如果你眞能說服得了我，我就讓你進門。」

第一個問題：「在你之前，是誰住在這裡？」

屋主回答：「家父。」

第二個問題：「那麼在令尊之前，又是由誰當家做主？」

屋主回答：「是我的祖父。」

最後一個問題：「假使閣下過世了，這房子會落到誰手上？」

屋主回答：「我兒子！」

希區考克面露微笑地說：「這不就結了？你瞧，你不過就是暫時在這裡住上一段時間，說穿了和我一樣是個旅客，你還說它不是旅店？」

屋主聽了啞口無言。就這樣，希區考克終於舒舒服服地度過一個晚上。

有人說，在人生的各項競賽中，說話能力絕對是一種指標性的競爭力，能否營造和諧的關係，是否懂得說話的方法，往往是決定勝負的關鍵。

確實如此，善用語言和機智，會替自己創造絕佳的運氣，同時也會增加事情成功的機率。希區考克一陣詭辯，就讓屋主啞口無言，出借客房收留他一晚，由此可以知道語言的力量究竟有多大！

英國作家赫胥黎曾使用非常嚴厲的話語來批判語言對人類的影響，他說：「語言使我們超越了畜牲的範圍；語言也使我們沉淪到惡魔的水平。」

我們學會如何使用語言，使得知識與文化得以代代流傳，得以在不同民族間交流；但是，我們也經常藉由語言，破壞了人與人之間的和諧，讓言語成爲另一種傷人的武器。

有時候，這種武器，就連最堅硬的盾甲都抵擋不住。手握如此利器的我們，必須謹慎小心地使用，才能使這種武器的正面力量得到最恰當的發揮。

展現生命的無窮力量

他的大部分話是空洞的、騙人的。動物只有一小點點說真話的能力，但那一小點點卻是有用的、真實的。寧可少一點，準確一點，也不要大量的虛偽。

——達爾文

成就，是無法度量的報酬

當一個人在自我的成就中獲得了滿足，在擁有的財富中找到了快樂，那麼他就是有成就的，就是富有的，而他也是幸福的。

什麼樣的成就才叫做「有成就」？什麼樣的富有才稱做「眞富有」？相信這兩個問題都沒有人回答得出來吧！

因爲，成就與富有都是意指著一種狀態，而這種狀態和人的心境有關。

據說一九五三年的某一天，蘇聯政權領導人史達林在富麗堂皇的克里姆林宮裡接待了自己的老母親。

由於史達林的母親一直住在鄉下，對於自己的兒子權力大到足以統治十五個蘇維埃加盟共和國一事，沒有什麼概念。

她抓著史達林的手問他：「約瑟夫啊，你現在究竟是當了什麼官啊？」

史達林回答：「妳還記得沙皇嗎？我現在幾乎和沙皇差不多了。」

他的母親聽了，笑了笑，然後說：「這樣啊，那眞是太可惜了，我本來想讓你當個神父的。」

又據說，美國總統杜魯門順利當選之際，家鄉的鄉親們紛紛興奮地登門向他的母親祝賀。

鄉親們說：「這眞是太好了，您眞應該爲擁有這樣的孩子而感到自豪。」

但是，他的母親卻只微微地笑著說：「是啊，我還有另一個同樣值得自豪的孩子，他現在正在田裡採收馬鈴薯。」

在純樸的母親眼裡，當一個神父和當個黨的總書記沒有什麼兩樣，同樣都有出息；一個在田裡採收馬鈴薯的孩子和一個當選美國總統的孩子也沒有什麼兩樣，同樣都值得自豪。

職業無分貴賤，端看你是否謹守工作本分，在工作場域裡認眞發展，只要能全心投入自己的工作，所得的報酬就是一種成就，就值得你自豪。

我們無法求出一個放諸四海皆準的度量衡，來衡量一個人的成就高低，同樣的，我們也無從找到一個定義，證明富有的程度。我們只能發現，當一個人在自我的成就中獲得了滿足，在擁有的財富中找到了快樂，那麼他就是有成就的，就是富有的，同時也是幸福的。

展現生命的無窮力量

幸福並不僅僅建築在擁有金錢上；它建築在成就引起的歡樂、創造性工作激發出的快感。

——羅斯福

真愛可以激發無限力量

孩子會有什麼樣的父母，無法自己選擇；但是我們期許每一個孩子都能得到足夠的關愛，快樂地長大。

英國小說家狄更斯曾說：「沒有無私的、自我犧牲的母愛幫助，孩子的心靈將是一片荒漠。」

從這段話裡，我們可以看出狄更斯對於母愛的推崇與肯定。

曾經有過一個科學實驗結果發現，能夠得到充分母愛的孩子比較聰明，也更能突破環境的限制。

實驗中更發現，先前未達到充分發展的孩子，經過關愛與照顧之後，表現同樣也有明顯的提升。

由此可見，母愛對於孩子來說，有著無法想像的力量，足以對孩子的身心發展產生正向加乘的結果。

有一個相當動人的故事，說明母愛的誠摯與偉大。

在沙漠深處難得有一處泉水，一頭老駱駝每隔一段時間，就會帶著幾個孩子來此處飲水。但是，隨著沙漠的氣候變化，泉水的水位也跟著變化。

有一年，沙漠氣候變得異常酷熱乾燥，水位急速地往下降。當駱駝們又來到這裡飲水時，水位已經降到極低的位置了，不管小駱駝如何努力，牠們的嘴巴始終沒有辦法觸及水面。

只差半公尺，小駱駝就可以喝到水了，但這半公尺，卻是生命無法觸及的高度。只見老駱駝圍著自己的孩子轉了幾圈，接著叫了幾聲，似乎在叮囑著什麼，目光中充滿依依不捨。

隨即，老駱駝突然縱身躍入潭中，「撲通」地濺起了衝天的水柱。水終於漲上來了，剛好夠小駱駝喝得到的位置。

因爲這水，小駱駝們活了下來，這也是用眞愛換來的生命。

這個故事讓人不得不感嘆，世上最偉大的莫過於親情，父母親們總是用生命譜寫著永不泯滅的眞愛。故事中感人又眞摯的親情雖然單純，卻比任何情感更能夠深入人心。

美國心理學家兼哲學家弗洛姆說：「母愛使孩子感覺降臨人間是美好的，母愛在孩子身上逐漸灌輸了對生命的熱愛，而不僅僅是活著便罷。」

故事裡的小駱駝應該會永遠記得自己是靠著什麼才活下來，老駱駝用愛和生命寫下的，小駱駝們必定一生無法忘卻，牠們一定會認眞地活，將自己得到的愛，認眞地傳承下去。

在這個世界上，千千萬萬的家庭裡，養著千千萬萬的孩子，我們不知道每個孩子會有什麼樣的父母，當然他們也無法自己選擇，但是，我們期許每一個孩子都能得到足夠的關愛，快樂地長大。

作家哥爾斯密曾經如此寫道：「不論在那裡，不論你是誰，自己的幸福要靠自己去創造、去尋覓。」

眞愛可以激發無限的力量，不用羡慕或嫉妒別人，也不用一味模仿別人的模式，只要心中充滿眞心眞愛，每個人都能爲自己和親人創造幸福。

或許，就從我們自己做起，一旦爲人父母，便要想辦法爲孩子建立一個快樂的家庭、有愛的，而不只是物質無虞的家庭。

展現生命的無窮力量

讓孩子感到家庭是世界上最幸福的地方，這是前人明智的做法。這種美好的情感，在我看來，和贈給孩子們最精緻的禮物一樣珍貴。——華盛頓

不要用過去埋葬未來

當你明白一切都會過去時，你將會更加珍惜所擁有的，不再患得患失，情緒也不致起伏不定，亂得自己無所適從。

英國詩人拜倫曾經悵然若失地說：「歡樂的回憶已不再是歡樂，而哀愁的回憶卻還是哀愁。」

回憶即使再怎麼清晰，顯然也是永遠追不回的幻影了，何必讓過往的回憶不斷地牽動自己的喜怒哀樂呢？

有些人喜歡提起當年勇，卻沒發現，當年越神勇就益發突顯自己現在的無助與無奈，只能感嘆生活的消磨與歲月的流逝，曾經有過的快樂，彷彿也隨著逝去的時光而消逝了。

這樣的人，顯然是親手將自己的快樂埋葬的人。

一位國王，總是覺得自己不快樂。

一天，國王召集了全國的智者，要求智者們給他一個人生的答案，而這個答案必須能適用任何情況，包括得意、失意、憂愁、快樂、得勝、失敗……

一個輩分最高的智者思考了一會兒，對國王說：「請陛下給我三天的時間考慮，三天後我會給您一個答案。」

三天後，這位智者前來晉見，隨後交給國王一張紙條，上面只有一句話：「一切都會過去的。」

一切都會過去，多好的答案！的確，無論榮辱、得失、喜怒哀樂……一切終究都會過去的。

失意時，不要自暴自棄；順利時，又何須得意忘形？人生本來就有好有壞、有得有失、有起有落，這是生活的常態。

可能上一刻還事事順利，而下一刻就困難重重，世事無常不就是這個道理？當你明白一切都會過去時，你將會更加珍惜所擁有的，心情不會再患得患失，情緒也不致起伏不定，亂得自己無所適從。

法國思想家盧梭曾經寫過一段警語，值得患得患失的我們深思：「十歲被點心、二十歲被戀人、三十歲被快樂、四十歲被野心、五十歲被貪婪所擄，人到十麼時候才會變得睿智呢？」

是的，一切都會過去，人必須活在當下，用愉悅的心情妥善做好手邊的事情，只有活得踏實，才可能獲得眞正的快樂。

要明白，快樂是無法死命抓住的，唯有放手才能將過往的一切轉化爲對現有的感激，才能用最完整的自己面對未來。

如果一個人常常想到一切都會過去，心態必然會柔和謙虛，待人會更誠懇。

這樣的態度代表的是一種豁達的心情，不再計較得與失，不再耿耿於是非，不再沉溺於名利，因爲我們早已明瞭，世間一切終究會成爲過去，傷心會過去、痛苦會過去，開心會過去、得意也同樣會過去。

我們能夠把握的，其實只有現在而已，不如放開那些無法觸及的過往，切實地體會現在吧！

千萬不要讓過去埋葬自己的未來！

想要擁有璀璨的未來，就必須從活在現在開始做起；想要讓自己活得更耀眼，就必須試著用積極的想法驅逐消極的做法，按部就班踏穩自己前進的步伐，唯有如此，才能美夢成眞。

展現生命的無窮力量

往世不可及，來世不可待，求己者也。

——尉繚

要互相尊重，也要有效溝通

夫妻之間，不只要相互敬重，更要有效溝通，有時候光是一顆猜疑的種子就足以毀滅一個家庭了。

英國作家哈代曾經語重心長地說：「人生裡有價值的事，並不是人生的美麗，卻是人生的酸苦。」

這句話聽來雖然刺耳，卻也眞實無比，唯有到了人生最艱苦的時刻，自己才能明白，其實我們有多麼幸福。

有一位極有前途的男高音，視歌唱爲第二生命，但是，就在他演唱技藝日益成熟的時候，被診斷出罹患了喉癌，即將失去了他的聲音。

那一刻眞是天昏地暗，他的妻子握著他的手，心裡想著未來要如何過下去。她明白演唱對她的丈夫來說是何等重要，心裡也悄悄地埋怨上蒼爲何如此弄人。

她難以想像，如果失去聲帶，不能再像從前一樣登台演唱，丈夫餘生該如何度過。但出乎意料的是，她的先生鎭靜而平和地選擇了手術。

經過復健之後，男高音終於出院回家休養。第一頓晚餐，他在飯桌前坐著，看妻子擺放飯菜。

等妻子坐下後，他開口了。他說：「以後，我不能再唱歌了，可是還能夠每天吃妳煮的菜，看到妳的笑容，眞好！」

古怪的聲音，卻讓他的妻子瞬間熱淚盈眶、感動不已。

原來，他在醫院復健時，悄悄地在醫生的協助之下，學會了以食道來發聲。他放棄了自己美好的聲帶，卻牢牢守住一顆同樣美好的塵世之心。

他雖然不能再縱情高歌，卻在滿室靜默中，讓她聽到了生命裡最美的旋律。

一直很羡慕恬淡靜遠的愛情模式，相知相守，不管福禍榮辱都能一起面對，那樣的情感是能感動天地的。

這對夫妻彼此深愛對方，不經意之間流露出對彼此的重視，超過爲自己著想的程度。

明知道失去歌喉，丈夫將會如何失落，但是當丈夫決定接受手術的時候，仍全心支持；明知道自己再也不能唱歌，生活將會完全失去重心，但是只要能夠吃到妻子親手做的飯菜，能再多牽幾年妻子的手，那麼一切的煎熬都可以忍受。如此兩心相屬，確實令人動容。

妻子的疑惑與猜想，在丈夫費力地說出的幾句話中徹底消融了，她當然能夠感受丈夫之所以苦撐過來是爲了自己，她也知道怎麼做來回報對方，夫妻之間沒有隔閡，只有兩心相屬。

諾曼·彼得森曾經對夫妻之間的溝通模式下了這樣的註解：「任何親密無間

的關係，由於雙方的自尊心，有時總會發生衝突。不同的個性也會引起摩擦。但是如果能建立起一種愉快的、有效的交流方式，那麼彼此的間隙中就不僅能容得下愛情的喁喁私語，也容得下挑戰性的言辭。

由此可見，夫妻之間，不只要相互敬重，更要有效溝通，有時候光是一顆猜疑的種子就足以毀滅一個家庭了。

有個朋友說：「夫妻之間，沒什麼噁心話不能說的。」這話聽來雖然肉麻，但是如果能夠彼此坦誠相待，平日無話不談，至少可以將發生誤會的可能性降到最低了吧。

展現生命的無窮力量

雖然深情的一瞥或是溫柔的撫愛可以表達許多意思，然而感情也需要親口說出來。

——凱瑟琳．門寧格

6

PART

順著心性，選擇適合自己的環境

無法融入環境，
何不重新尋找一個適合自己的環境，
讓自己的缺點變成優點，
讓自己的弱勢反而變成優勢？

多一點關愛，少一點傷害

生氣之前何不先想想，眼前的人是不是你最重要的人，失去對方的愛和信任你會不會傷心欲絕，然後，你一定會找到答案。

人與人之間的相處與互動，可以說是一種相互磨合的過程。

原本，彼此並不熟悉，因此，即使比較靠近也依然保持著一定的距離；而後，距離隨著相處的機會增加而更爲逼近，兩者的表面也開始有所接觸，不夠圓滑的人很快就會相互碰撞。要達到密合的結果機會微乎極微，因爲就算再怎麼靠近，兩個人、兩顆心也不可能完全貼合。

想要讓兩顆心長久連結，中間勢必須要有一些介質存在。

這個介質，通常會被命名爲「愛」。

一位個性急躁的父親，經常會爲某些事情不能順心如意就氣得暴跳如雷，動不動就破口大罵或碎唸責難。

他並不是個壞傢伙，只是壞脾氣又愛抱怨，往往在不自覺中傷害了愛他和他愛的人而不自知。

舉例來說，他在家裡罵小孩的機會很多，雖然不曾動手打過小孩，但是要他應付孩子就是沒有耐心，總是沒多久就爲孩子達不到他想要的成果而忍不住怒火中燒，板起臉孔罵人。

有一次，他和女兒在院子裡除草，在他專心一意想在午飯之前將後院的草坪全數修剪完畢時，他的女兒卻玩得不亦樂乎。只見她在草地上又唱又跳、跑來跑去，還不時把草屑丟來丟去，不只一片狼藉，更打擾到他專心除草的工作計劃。不到五分鐘，他決定他受夠了。

斥聲責備了女兒幾句，他就要她離開後院，到別的地方去玩。

誰知，他的女兒離開了一會兒，又回到了後院來。女兒神情嚴肅，略微遲疑了一下，但還是怯怯地開口說：「爹地，我有話對你說。」

雖然不滿再度被干擾，他還是停下手邊的工作，問道：「什麼事？」

女兒說：「爹地，你還記得我五歲以前的樣子嗎？那時候，我幾乎每天都在哭鬧，不過，到五歲生日的那天，我下定決心不再哭鬧了。那是我做過最難的一件事。」

他不明白女兒爲什麼突然提起這件舊事，不過他卻清楚地記得當時他幾乎每天都瀕臨精神崩潰的邊緣，被嬰孩哭聲凌遲。

看到女兒認眞的表情，讓他強迫自己耐著性子繼續往下聽。

女兒輕輕地說著：「爹地，假如我可以讓自己停止哭鬧，你也可以不要做一個壞脾氣的人。」

女兒的話，像醍醐灌頂般，讓他一下子怔住了。

確實，他就如女兒所說是一個壞脾氣的人，而且不也正以自己的壞脾氣凌遲著家人朋友對他的愛嗎？

他走過草地，來到女兒面前，一把將她擁進懷裡：「是啊，我想我一定可以讓自己停止我的壞脾氣，妳說對不對？」

在女兒淚光閃閃的微笑中，他下定決心要改變自己。

家人和朋友不一樣，特別是有血親關係的家人，因爲，家人是無從選擇的。我們不能選擇父母，也無法挑選子女，每一個原生家庭的組成，都是一種命定的結果。

親緣之間的連繫，比起經由其他關係的連結更爲強烈，也更爲緊密；正所謂「血濃於水」，不管在任何的文化之中，親子、兄弟、宗族間的血緣關係，往往對個人有著強大的影響力。

然而，每個人都是一個個體，都有彼此的個性，家人間性格特質再相像也是不同的，所以，摩擦在所難免，只是在親情與愛的助力之下，家人間的衝突通常能比較快速化解。也就是說，家人間更容易因爲細微小事而發生衝突，但也容易相互諒解。

只不過，一旦爆發嚴重的衝突，不管是經由什麼關係連結的個體，都會遭受到同樣的傷害。

一個壞脾氣的人，沒有朋友是理所當然的，大家避他避得遠遠的，自然不會被他的怒氣流彈波及。但是，他不可能沒有家人，即使離群索居，也同樣會對家人造成情感上的傷害。

家裡面有個壞脾氣的人，就好像被安裝了一顆不定時炸彈，不知道什麼時候會引爆；也好像住在休火山的旁邊，不確定什麼時候會爆發；你可能可以了解他，但你爲什麼要忍受他？

每個人都有情緒，但卻不表示旁人有義務要去承受那些情緒，特別是家人。

有些人認爲家庭是放鬆自我的地方，因此一回到家就會徹底拋棄對外的全部武裝，但是，有什麼道理你要對外人客氣客套，卻可以恣意對家人宣洩你的情緒？難道你對外人的愛勝過對自己的家人嗎？爲什麼家人沒有收受你尊重的權利？

家人之間，相處的時間更長，互動的機會更多，生活交疊的可能性也越高，如果沒有足夠的信任與包容力，以及彼此尊重與愛的支持，家人間經由摩擦造成的傷害，往往比外來的傷害更爲深刻，也更難癒合。

全世界你最熟悉的人，無疑就是日日夜夜和你相處的人，就是你的家人，他們的個性和缺點想必你也最爲清楚。同樣的，他們也是最了解你的人，你們應該享受彼此最高濃度的愛與信任，還有尊重。

所以，生氣之前，何不先想想，眼前的人是不是你最重要的人，如果失去對方的愛和信任你會不會傷心欲絕，然後，你一定會找到你的答案。

順著心性，選擇適合自己的環境

無法融入環境，何不重新尋找一個適合自己的環境，讓自己的缺點變成優點，讓自己的弱勢反而變成優勢？

既然每個人都是不同的個體，那麼都應該有屬於自己最合適的生活態度與生活方式。在與自己相合的環境中，猶如水中魚、空中鳥一樣，一切都自然而然，一切都順心悠然。

一旦處在一個與自己習性衝突的環境中，一切便都不一樣了。如果不離開，唯一的方法只剩下偽裝和忍耐。

很可惜的，人不管再如何擅長偽裝，永遠欺騙不了自己的心；人的忍耐更是有限度的，心得不到自由，人永遠無法快樂。

有一個人人眼中的成功人士、黃金單身漢，不僅僅外表樣貌過人，口才流利，機智過人，更擅長冷靜分析，不論數字精算或是益智邏輯都難不倒他，年紀輕輕就已經成爲證券公司的總裁，身價地位令人人稱羨。

但是，他的感情生活卻是糟得一場糊塗，雖然交往過不少女友，但總是落得草草分手的下場。分手的原因多半是女孩子覺得他太冷淡，不風趣也不會說笑，沒有情趣的情人被判出局是可想而知的結果。

親朋好友都覺得他的冷漠超乎異常，紛紛建議他求助於心理分析師。然而，心理分析師用盡方法挖掘他童年創傷經驗卻一無所獲，只能豎白旗投降。

他流浪過一張又一張心理分析師的沙發，花了一筆又一筆的諮詢鐘點費，卻始終沒有得到眞正的答案。

最後，他來到一位心理醫師的門診，才終於發現，其實他的「奇怪」一點都不奇怪；雖然他的情緒不易波動，待人處事也顯得異常冷漠，卻不表示他的心理有毛病。

而且，正因爲他的情緒起伏微弱，使得他在商場上、牌戲中、各種談判場合裡都能夠神色自若、冷靜判斷，也因此獲得極大的成功。嚴格來說，喜怒不形於色的特質，正是他得以成功的最佳利器。

心理醫師給予他的建議是，不要再費事和不適合的女孩交往，扭曲自己的性格去討好他人並不是解決問題的辦法。

在醫師建議下，他決定搬到比較保守的環境居住，因爲置身於情緒不喜外露的社會風氣中，對他來說比較有利。

後來，他順利與一名女士結婚，兩人都習於獨立自主的冷靜作風和思考模式，婚姻相當美滿幸福。

原本長年束縛他的「缺陷」，卻變成了他幸福的重要來源。

人類的適應力其實是很強的，不管地球上任何一塊土地，總是有人能在裡頭存活。即使是亞馬遜叢林、南太平洋的荒島、北極圈內的冰湖、海拔數千公尺的山峰……仍然有人能夠生活在其中。

有時候，最難適應的反而是人和人之間的共處。倘若詢問一名在學校飽受排擠欺負的學生，要他選擇待在學校或是到南極探險，說不定他寧願選擇到冰雪肆虐的南極去也不願上學。

由此可見，環境是否接納個體，以及個體是否能夠融入環境，與個體在環境中存在的比率有絕對相關。

每個人雖然都知道，個體有著獨特性，但總還是免不了會以自己的想法、喜好去爲他人設想。一旦對方和自己有了相當的差異，就會造成一次爭奪，一次理念的輸贏，而且同質相聚、異質互聚，劣居少數的，就只剩下三個選擇：改變並服從、不改變但忍耐，以及不改變只好離開。

「正常」與否，其實就是在大範圍環境底下，聚合性較高的特質；而偏離性高的特質則會被視爲異端、視爲怪物。

就如同故事中的男主角一樣，不只親友覺得他有毛病、有問題，連他也覺得自己怪怪的，所以有必要接受「治療」。

然而，鐘鼎山林各有天性，爲什麼要把非我族類視爲異常呢？說不定自己才是眞正的異類。

所以，故事中的心理醫生提供了一個很好的建議。無法融入環境，何不重新尋找一個適合自己的環境，讓自己的缺點變成優點，讓自己的弱勢反而變成優勢？選擇適合自己的環境與生活，才能讓自己得到眞正的快樂。

掙脫束縛，找出最合適的道路

人生的答案不會只有一個，掙脫了框架的束縛，框架給你的將不再是令你喘不過氣的空間，而是一種美麗的裝飾藝術。

人的思想經常受到限制，有時我們想得越多，思緒越會被困綁住。

比方說，有這麼一道題目，要求你種下四棵樹，每一棵樹之間的距離必須完全一樣，你該怎麼做？

一般人多半很快地設想在平面上有四個點，而後讓四個點之間的距離相等。但是，大家很快就發現這麼做根本不可能，因爲就算四個點排成一個正四方形，讓四個邊相等，兩個對角間的距離就會大過四邊的長度。

所以，你可能會要求放棄，或者破口大罵出題者整人。

然而，答案確實是有的，而且非常簡單，那就是將四棵樹在山下等距種三棵而在山上種一棵，就能達成四棵樹等距的要求。換言之，把正四方形的概念轉換成正三角錐來思考，問題就迎刃而解了。

你可能還會說，這根本是出題者詭辯，故意要弄解題者，不然一開始就說在山上種樹不就成了？

然而，出題者並未要求將四個點列於同一個平面上，而是我們自我設限，導致問題在邏輯上出現了矛盾與障礙。

現實生活中，我們很容易用既定的原則和判準看待事物，一旦問題的發展超出原本的生活經驗，就很容易在腦中畫下一道隱形的界限，阻止自己跨越。

所以，解決問題的時候，不妨多給自己一點時間，試著從不同的角度發想，試著從不同的經驗出發，說不定反而能夠找到最佳的解決方案。

有一位專長於半導體研究的學者曾經如此表示：「科學創新的思維方式，確實是『法無定法，然後知非法法也』。」

意思就是說，沒有一成不變的規則與方法，唯有勇於創新，超越他人的觀念，才能有新的方法和成效出現。

一九七〇年代，全球半導體工業的研發面臨一個瓶頸，也就是用來製造許多光電元件的砷化錠晶體內的含碳量過高，生產出來的元件性能一直無法提升。

後來，這名學者發現，當時的研究者大都在常壓狀態下進行含碳量的研究，頓時恍然大悟：與他人的做法太過相似是沒有成效的，既然別人沒有辦法突破，在同樣條件下，自己也不見得能夠得到新的結論。

所以，他決定另闢蹊徑，改在低壓條件下進行研究，果然發現問題的癥結所在，順利研發出一種新的製程方法。

成功的條件並不是偶然的，但是，成功的路徑也不是必然的。

爲了獲得成功，我們當然要腳踏實地爲目標而努力，但是若不能跳脫出既定的思考框架，我們很容易就爲「現狀」困惑，爲「現實」脅迫，有時候，儘管再努力，也得不到眞正的成效。

倘若沒有努力而不成功，頂多只覺得不夠幸運罷了；倘若曾經付出許多努力，卻苦無成功之機，那麼挫折感必然鋪天蓋地般而來，將人壓得喘不過氣，眼前一片灰暗。

想要免除如此的缺憾，你勢必得下定決心不斷嘗試，找尋到最適合自己的方法與做法，不被陳舊的規則侷限。

因爲別人做不到，就認爲自己也做不到，無疑是一種過於消極的想法與做法；但是，過於執著自己的道路，忘了偶爾確認一下行進的路標，恐怕也會落入「欲往楚境，偏往北行」的境地，越走越遠，永遠也到不了目的地。

因此，我們大可爲自己的未來畫下一個藍圖，參照別人的經驗與做法，規劃出一套最佳的未來行程。但是，行進的過程中，別忘了，秉持著不斷創新的精神，爲自己找出一條最適合的道路。

潛能專家安東尼．羅賓斯給了我們一個建議：「成功之道包括知道自己的目標、全盤做法、每一步的結果、變通的彈性，以迄成功。建立信念，也得遵循相同的途徑，你得找出能助你成功，讓你達成心願的信念。如果你的信念與其相悖，就得丟棄，並另尋其他。」

正如他所言，你可以聆聽生命裡的種種建言，想定你的目標，但不執著你的做法。跳出既定的框架，人生的答案不會只有一個；掙脫了框架的束縛，框架給你的將不再是喘不過氣的空間，而是一種美麗的裝飾藝術。

與人為善，讓自己更快樂

人與人之間正是一種情感相連的關係，好的情感能正向激盪出好的情感。何不多多與人為善，讓自己獲得更多的快樂呢？

「助人最樂」這句話，乍聽之下好像有點八股，但是事實往往證明，人類確實能夠從幫助別人的行動中獲得愉悅感。

這種愉悅的感受，往往來自於對自我的肯定，也來自於完成目標任務時的滿足感與成就感。

不只如此，光是發現一件好事、一種好的行徑，就能讓人在內心受到感動的同時，也同樣產生快樂的感覺。

在一個下雪的傍晚，一群年輕人剛完成社區服務工作準備回家。這些人之所以會參加社區服務工作，是因爲學校的要求，而且列入學分計算，可想而知，有許多人肯定是不情不願地前來參加，工作時也多半草草應付了事。

然而，就算怎麼打混，清除街道積雪的差事可不輕鬆，一個下午的勞動可把每個人都累得氣喘吁吁。

他們在路口道別，各自踏上回家的路，其中幾個人搭上同一班公車。

公車緩緩前進，由於連日大雪不斷，雖然有鏟雪車會定時在各個路段除雪，但是怎麼也趕不上路上的積雪速度，所以短短的車程行走起來特別顛簸。由於工作了一整天，每個人都又冷又餓，恨不得立刻就回到家，享受熱騰騰的晚餐，眼見車行速度走走停停，心裡忍不住煩躁了起來。

突然，公車驟然緩下速度，車身偏了偏，一時間將許多人從恍神的狀態中驚醒，好多人都嚇了一跳，以爲發生事故。原來，司機爲了閃避路邊的一位老太太，不得不緊急煞車，扭轉車頭。

司機忍不住開了車窗，吼了聲：「喂！老太婆，小心點！發生車禍可不是好玩的事！」

老太太站在路邊，拄著一把圓鏟，帶著歉意的笑容對著司機和車上的乘客揮了揮手，然後轉過頭繼續在路邊鏟雪。司機撂下一句「以後注意點」之後，再度啓動油門，重新上路。

公車行駛不過一百公尺，一個男孩站了起來，請求司機讓他下車。司機狐疑地望了他一眼，咕噥了幾聲，還是開門讓他下車了。

他的同伴以爲他想抄捷徑回家，結果，男孩下車後立刻快跑步至老太太身邊，對她說了些話，而後接過圓鏟將路旁的積雪一一鏟清。

司機遲遲未踩油門，車上目睹這個畫面的乘客也個個喉頭緊縮，彷彿有東西哽在裡面似的。

是什麼力量讓男孩做出如此動人的舉動？難道是爲了沽名釣譽？恐怕不是如此，畢竟如果只是爲了博得他人的好感，相信有其他更簡單的做法可以達到更驚人的效果。

剛剛才結束社區服務工作，鏟了一整個下午的雪，相信他的同伴個個都能體會他身體上的疲憊感與飢餓感，因此，也必然更爲男孩的行動感動。他們會爲自己未能起身效尤而感到羞愧，也會爲能與這個男孩爲伍而感到欣慰，說不定，下一次善行的主角就是他們自己。

人和人之間的關係，就是如此奇妙，當別人給予你溫暖的笑容，就算你的臉上仍罩著寒霜，冰封的心必定早已消融許多，至少絕不會故意敵對；一旦發現自己的冷漠傷害了對方，一抹歉疚的情緒勢必會悄悄浮上心頭。

一向崇尚自然主義的盧梭認爲：「對別人表示關心和善意，比任何禮物都能產生更多的效果，比任何禮物對別人都有更多的實際利益。」

這是因爲，他早已察覺，人與人之間正是一種情感相連的關係，好的情感能正向激盪出好的情感。

所以，何不多多與人為善，讓自己獲得更多的快樂呢？就算不想刻意去幫助別人，也無須處處與人作對，讓彼此間的負向能量增幅至仇視與怨恨，只是徒增自己的痛苦罷了。

試想，一個天天生氣的人，如何能快樂得起來呢？

想要獲得眞正的快樂，你不一定要犧牲自己或是委屈自己，只要順著心去行動就可以了。

滿足與快樂，都是自己的抉擇

貧賤生活不見得沒有平凡的真味，富裕之家也不見得就能用奢華填補空虛，滿足與否，快樂與否，都是你自己的決定。

有句話說「貧賤夫妻百事哀」，點出了經濟能力對生活品質的影響，也強調了生活品質對個人情緒的影響。

但是，這種說法並不能一概而論，貧窮的人也能擁有屬於自己的快樂。因爲，有很多快樂並非來自於物質的滿足，而是來自於精神上的支持。

心理學專家馬汀·塞利格曼說：「你對金錢的看法比金錢本身更能影響你的快樂。」

確實如此，越是看重錢的人，越會對自己的收入感到不滿，也會對自己的生活感到不滿，接著益發覺得自己需要更多的錢。這樣的人，錢越多，就會越被錢束縛。

於是，他們放不開、逃不了，離不開那雞肋般的工作，也避不了乏味至極的生活。生活只是賴以維生地活著，沒有任何品質可言，更可怕的是，他們不知快樂爲何物，無一日感到快樂。

有一名三十五歲的南亞婦女，因爲家境貧困，父母親又先後過逝，不得不以出賣靈肉的方式養活爲數衆多的兄弟姐妹，不知不覺間，已經過了二十年的妓女生涯。

二十年來，她一個人居住在城市裡的狹小屋子裡，屋裡的陳設不過是一張床、一面鏡子、吃飯用的碗筷和一尊印度神像。即使工作再辛苦，生活再艱難，她總不會忘記虔誠禮佛，祈求神明保佑她和家人平安健康。

她一個月回鄉探視家人一次，八歲的女兒也託給弟妹照顧，每個月大部分的收入都送回家裡，自己只留下小部分花用。

每個月返鄉的旅程，是她最快樂的時刻，看見女兒活潑的模樣、弟弟妹妹們一個個長大成人，讓她的心中充滿感恩。她很擔心自己的工作會遭到同鄉、鄰居嘲笑，害她的家人抬不起頭來。但是，她的家人卻不曾鄙視她，每回總開心地接納她回家，而她也不斷提醒自己要抬頭挺胸，因爲，由於她努力工作才有足夠的錢爲女兒延請保姆照顧，也讓家庭裡的幼小孩子頭頂上有屋頂，米缸裡有米，大家吃得飽、穿得暖。

人人鄙視、不齒的工作，對她來說，是保障家人安全與生存的支柱。所以，她不去想自己的悲憐遭遇，不去理會外界對她批評的聲音，只要她的付出能讓她看見家人們滿足的微笑與接納的雙手，一切就足夠了。

這名女子的堪憐身世，相信讓許多人寄以同情。命運帶來了沉重打擊與考驗，但她在家人的支持下一步一步地跨越過去，即使是在如此令人同情的景況中，仍能保有屬於自己的快樂。

反觀許多人，家境雖不大富大貴，倒也衣食不缺，卻鎮日哀嘆自己的日子難過，終日汲汲營營、忙著對生活現狀不滿，殊不知，財富為你帶來短暫的快樂，也為你帶來無窮的煩惱。

何苦呢？貧賤生活不見得沒有平凡的眞味，富裕之家也不見得就能用奢華塡補空虛，當身穿一件數百元的棉質上衣和一件上萬元的POLO衫，同樣只有穿起來舒服和蔽體的功能時，這中間的金錢花費讓你得到了什麼？

如果時尚能夠讓你感到快樂，那麼你大可盡情享受你的時尚；如果時尚只滿足了你的虛榮，那麼你將會需要更多金錢堆積而成的時尚來塡補你的空虛，因為滿足是暫時的，也只是瞬間的。

就好像一個盛接水滴的杯子，杯滿即倒入另一個大盆；苦苦等待水滴滴滿水杯後，僅需一秒鐘就能將整個水杯倒空。除非你能停止倒空的動作，否則水杯永遠不會滿。

別忘了，滿足與否，快樂與否，都是你自己的決定。

多一分耐性，少一分紛爭

遇上問題的時候，別急著生氣，先試圖控制自己的怒氣，想清楚前因後果，才能夠據理力爭。

英國詩人布萊克曾經寫道：「只要你願意停止生氣、抱怨，就不用擦拭悔恨的眼淚，一旦你繼續生氣、抱怨，就永遠也擦不完那些傷心的眼淚。」

遇到不如意的事情，與其成天生氣、抱怨，不如試著改變自己的心態和應對方式。因爲，一味生氣、抱怨並無法扭轉既成的事實，唯有拋開心裡的負面情緒，才不會讓壞心情左右自己的人生。

有些時候，怒氣一觸即發，假使雙方都不願忍耐退讓，怒氣宣洩的結果可能炸得兩敗俱傷，傷人也傷己。

但是，玉石俱焚的結局眞的是我們樂於見到的嗎？如果每個人都沒有辦法體會與學習「忍耐」的功夫，那麼人與人之間的關係必定是一團混亂。

還記得白羊黑羊的故事嗎？互不相讓的兩隻羊，在橋上你推我擠，誰也不肯讓誰先過橋，最後全都掉到水裡，誰也過不了橋，這又何必呢？

德國最偉大的思想家、劇作家歌德，面對同樣的問題，他的做法發揮了高度忍讓的精神，過人的風度值得我們學習。

有一天，歌德來到魏瑪公園散步，魏瑪公園裡有一處僅容一人行走的小徑，是它的一大特色。

歌德行經這條小徑時，想不到迎面來了一個人。那個人正是前不久才將歌德的所有作品批評得無一是處的評論家。

兩人面對面站住了，只見那批評家站得挺直，態度傲慢地說：「對於一個傻子，我絕不讓路。」

但歌德卻不怒反笑，說道：「我的做法恰好相反。」

說完，歌德隨即臉帶微笑地站到旁邊。

生活中最糟糕的狀況，莫過於任由情緒牽著脖子走，凡事全看心情好壞做決定。當情緒控制一個人的時候，理智就形同遭到綁架。

爭一時之氣，不一定能夠讓我們得到什麼，適度的忍耐才能冷靜處理各項生活上的問題。

我們每個人都有許多缺點，相處的時候，你退一步，我讓一步，相互容忍對方，關係自然和諧，如果誰也不讓誰，不斷揭對方瘡疤，硬碰硬的結果，恐怕只會讓彼此更加傷痕纍纍吧。

耐心是解決種種紛爭、不和的最佳良藥。正因爲我們對彼此的忍耐，所以造就了社會的祥和。

耐心，是可以培養的。遇上問題的時候，別急著生氣，先試圖控制自己的怒氣，想清楚前因後果，才能夠據理力爭。

偶爾，試著站在對方的立場上想想，試著同理對方的感受，或許「忍耐」做起來就沒有那麼困難了。

對人多一分耐性，對人多一分慈悲，對事多一分容忍，社會自然就減少了許多無謂的紛爭與不和。

活得認真就可以無愧於心

生命如此短暫，時光如此匆促，與其盲目地做那些自己一點都不喜歡的事，還不如用心盡力地將自己的夢完成。

英國倫敦塔上題了這麼一句寓意深遠的話：「時光一去不復返，但走過的路必定會留下痕跡。」

人的一生重要的不在於可以擁有多少時光，而是在這短暫的時光裡，我們究竟能學得多少？成長多少？乃至於能貢獻出多少？

有一位知名的行爲心理學家，四十年來如一日，每天清晨四點半就起床讀書，時時刻刻手不釋卷。有人認爲他的學養已經如此之高，何必還要那麼辛苦，他卻回答：「生命是如此有限，我珍惜每一個階段，不容許自己有半點浪費。」

這名心理學家的想法很容易體會，正因為感受到自己的匱乏，才更會激起我們勇於追求的決心，隨著年齡的增長，更讓我們感受到時光流逝的速度，擔心時間一去不再返，更讓人急於想抓住那即將逝去的一切。

年輕的時候，總煩惱時間走得不夠快，恨不得歲月快快過去，自己快快長大，變得成熟，但是等到自己眞得長大了，又怨悔光陰去得太快，來不及抓住青春的尾巴。只是煩惱、懊悔都無濟於事，時間總是依著它自己的速度，慢慢往前走，不管我們情不情願，我們都會長大，也邁向年老。

俄國作家托爾斯泰出身富裕，但年少輕狂的結果，卻使得他求學路上受挫，大學時代留級，畢不了業，但也因爲有了這個困境，逼得他寫出《戰爭與和平》、《安娜．卡列尼娜》等盪氣迴腸的作品。

可是，這樣光彩的他，到了晚年，卻落得獨自一人離家流浪。最後帶病流落至一處小車站，病重身亡。儘管他遭遇了種種不幸，仍遺留下無數光明積極的話語，勸勉世人要不斷追求，樂於行善。

這般的人生，要說是精采，也算是坎坷難行，不見得會是你我想要的生活。倘若易地而處，我們遇上了人生種種的悲慘境地，能不能也像托爾斯泰那般地樂觀與積極呢？這個問題，恐怕誰也沒有辦法回答，但是人生是我們自己的，生活也是我們得自己過的，要怎麼過，要怎麼活，也都存乎我們的心。

法國歷史學家托克維爾對生命下過這樣的定義，他說：「生命既不是受苦，也不是歡樂，只是我們必須做的事業。我們必須誠實地經營這項事業，直到生命的終結。」

我們的一生，是我們自己的事業，想要闖出一片天空，就得用心經營。

時光匆匆不待人，何妨就選定一個目標積極去執行吧，至少不要讓自己覺得蹉跎了這一生的光陰。

馬利．貝南．雷建議我們：「現在就開始去做你想做的事吧！我們並非活在永恆，我們只有此刻。『此刻』像我們手中星星的閃爍，以及雪花的融解。趁一切還來得及，好好地利用生命吧！」

既然生命如此短暫，時光如此匆促，與其盲目地做那些自己一點都不喜歡的事，還不如用心盡力地將自己的夢完成。

的確，如果我們能夠將每一分每一秒都過得有價值，那麼就算時光流逝，我們的記憶中總是會留下了無限的美好，即使只有回憶也很動人。

縱使價值的標準因人而異，但是如果能無愧於心，對自己來說，不就是最珍貴的價值了嗎？

德國哲學家雷辛說過：「人的優點不在於擁有智慧，而在於獲取智慧所做的努力。」

善加利用每一天，對自己無愧於心，竭盡所能地去完成自己的夢想，這樣的人生，比什麼都來得精采。

擺對位置，才能發揮價值

所謂適才適能、適情適性，就是需要把情緒的元素一併考慮進去。如此才能讓最適合的人才待在最適合的位置上。

不管在任何團體中，總是有人特別搶眼，學習能力強、行事效率好、工作完成度高，錯誤率又少，不只鶴立雞群，更容易被視爲足以信任的人才，經常被交付各種重責大任。

然而，有些時候，在某方面具有特長的人，並不一定能夠擔任全面性的工作，也不見得適任於每一種工作型態；某些任務可能處理得很好，但某些層面就無法顧及，就算能勉力爲之，也難見成效。

因此，領導者有必要思考任人唯「適」的道理，讓每個人的長處都能在最恰當的地方充分發揮，又能隨個人意願滿足個人的成就感與應得的報酬，那麼，一定可以收得事半功倍的效果。

如果你面臨了經營、管理上的難題，想有所突破，那麼不妨從現在起，試著改變自己的用人模式。

一家律師事務所面臨了空轉的危機，事務所的人員並非個個都是廢物，但不是辦事效率不彰，就是對工作感到茫然，有人不知爲何而忙，有人不知該忙什麼。每天辦公室裡都死氣沉沉，每個人都有氣無力，業績一落千丈。

事務所的負責人面臨了個人事業中的重大危機，不知道是乾脆結束營業讓大家另謀出路算了，還是把事務所賣掉，自己得錢了事。這時，一名年輕同業向他提出合併事務所的要求，由於條件合理，對他來說也不算是件壞事，所以他很快就同意了。

這名新合夥人重新評估公司的人事，提出了新的人事調動，想不到奇蹟竟然發生了。原本死氣沉沉的員工，個個變得生龍活虎、精神百倍，原本蕭條的業績也慢慢好轉，甚至在一次全事務所上下通力合作之下，成功打贏了一場本來勝算極微的官司，使得事務所在業界的形象與聲譽節節高升。

事務所負責人感到非常震驚，因爲這群爲公司屢屢創下佳績的工作夥伴，正是他原本打算放棄的一群人。他忍不住私下向合夥人請益，邀請他到家裡品酒，想知道到底原來的問題出在哪裡。

合夥人搖晃著手中的酒杯，笑著說：「老總，其實你公司裡原本就個個是人才，只是你還沒發現而已。」

負責人聽了表情有點狐疑：「怎麼說？」

合夥人繼續說：「以莎美來說，她最大的長處就是行事熱心，話匣子一開沒完沒了，但是她原來的工作只是負責整理文書資料，有時候一整天一個說話對象都沒有，當然有氣無力了。現在我請她負責對外公關形象的工作，她的法律知識和好口才不就是公司的最佳宣傳廣播站了嗎？由她來負責拉廣告、設計海報等等，再恰當也不過了。」

「又好比馬克這個小夥子，雖然年紀輕輕經驗不足，但是他很有冒險心，這對一名庭上律師而言是再需要不過的特質了。敢於向權威提出挑戰，對自我的論點保持信心，這樣的勇氣在臨場反應上不可或缺。只讓他負責收集法條資料實在太可惜，不如讓他多寫訴狀增加訴訟知識，同時派他與即將出庭的辯護律師一起沙盤演練，一方面可以磨練他的臨場應變能力，一方面他敢於衝撞、挑戰的特長，也能讓辯護律師模擬對手可能提出的各種可能招數。這樣，我們就不用再另外安排教育訓練的時間了！」

聽完合夥人對事務所上下每個員工的職能分析，負責人不禁感到佩服不已，頻頻點頭。最後，他忍不住問：「你說得很有道理。那你說說看我的長處是什麼，我該做什麼好？」

合夥人眨了眨眼回答：「老總，你放手讓我進行整個人事調動，又信賴我的各種決策，這就是你的長處了啊。一個懂得充分授權、知人善任的領導者，可是一個團體的福氣呢！」

說完兩人相視而笑，把酒言歡。

一個人一生要做的事情不少，工作更占據了生活的絕大部分，能夠找到一個適合自己、自己喜歡的工作環境，是每個人夢寐以求的事。

毫無疑問的，面對眞正想要追求的目標時，過程中的辛苦有時候反過來可說是一種甜蜜的負荷。因爲，追求與追尋的過程，將會令你進入渾然忘我的境界，使你一點也不覺得辛苦，反倒甘之如飴。

《創造力》一書的作者契斯森米亥，提出過一種說法，認爲當一個人全神貫注地投入自己感興趣的活動當中時，會產生一種「心流」作用。

當一個人處於這種狀態的時候，你的世界將會只有你在進行的活動，外在的時間空間變化都不能影響你，而且這個時候獲得的收益和成效，比例上來說是相當高的。

例如，一個喜歡閱讀且專心閱讀的人，既使是在人來熙攘的車站或機場大廳，都能夠旁若無人地繼續閱讀，而且全然融入讀物之中。於是，原本等待的時間流逝了，在他來說卻彷彿只是瞬間的感受，而且，往往會有「時間怎麼過得這麼快」的感覺。

其他像是科學家因爲研究而忘了吃飯、作家因爲構思寫作內容而興奮難以入眠……等等，例子不勝枚數。

熱愛發明、擁有數百種專利權的發明家雅克布・羅賓諾就曾經如此表達自己的發明心得：「你必須要願意發想，更要樂於發想，像我這樣的人，平時就喜歡東想西想。我覺得想出新鮮的點子非常有意思，哪怕沒人想買我的點子也沒關係，因為想出一個新奇而且從來不曾有過的點子，本身就是一件相當有趣的事。」

這些例子都在在顯示，如果一個人能在興致來時順遂所願，快樂的程度將難以計數。

因爲喜歡，所以產生興趣，因爲興趣而更加喜歡，光是能全心投入自己喜歡的事情，就足夠讓人感到開心了。

回歸到前面的討論，不難想見，能者之所以不怕多勞，就在於他喜歡自己進行的工作，即使多勞也不覺疲累。但是，假使工作時，雖然往往能順利完成工作或任務，過程中卻全然無法得到任何樂趣，那麼，恐怕需要認眞思考自己是否眞的勝任這個能者角色，以及自己是否眞的樂於從事這份工作。否則，一切都只是一種浪費。

所謂適才適能、適情適性，就是需要把情緒的元素一併考慮進去。領導者必須考慮這個層次，才能讓最適合的人才待在最適合的位置上，使多勞者成爲能者，讓能者樂於多勞。

7

PART

自己的未來
只有自己才能點亮

過去的榮譽和恥辱只能代表過去，
真正能代表一個人一生的，
是他現在和將來的所作所為。

把批評當作檢驗自己的良機

批評攻擊的絕對都是我們的弱點。如果認定自己沒錯，又何必因為他人的不實說法而感到沮喪生氣呢？

理查．卡爾森說：「我終於問了自己這個問題：這究竟是誰的人生？當我無法回答這個問題時，我就曉得我必須改變了。」

我們的人生旅途中會經歷無數的事件，會遇到無數的人，每一個和我們互動的人都會對我們造成影響。

有些人對我們期望太高，有些人想爲我們安排未來，有人嫉妒，有人羨慕，有人不屑，有人支持……不論那些人對我們造成了什麼影響，在困惑茫然、左右無措的時候，不妨問自己這句話：這究竟是誰的人生？

在別人對我們的影響中，打擊最大的莫過於批評了。當我們遭受批評時，怎麼去調適呢？或許可以來看看拜倫的經歷。

據說，英國大詩人拜倫是一位古怪的天才，天生就跛足，在亞伯丁讀書的時候，還曾被人譏笑為「跛足鴨」，但他要證明自己不比任何人差。

他執意報名學校舉辦的運動會，在同學的取笑聲中，他卻以飛快的速度奪得了長跑比賽冠軍。不但老師和同學們對他刮目相看，拜倫心裡也生起一種從未有過的自豪感和成就感。

拜倫從小就特立獨行，嗜書如命，遨遊於文學的海洋中，並希望把自己的思想用詩歌的形式表現出來。他的這些想法遭到了人們的嘲笑，他們根本不相信拜倫能成為詩人，但他反而受到激勵，暗下決心，一定要爭這口氣。

十九歲那年，他發表了《閒暇時光》，卻受到當時著名的評論家亨利．布萊漢姆的嚴厲批評，但拜倫並沒有灰心。

二十五歲時，拜倫攀上了文學的頂峰。亨利．布萊漢姆後來說：「拜倫是一位偉大的詩人，他這麼年輕就攀上了文學的頂峰，司各特、華茲華斯對他只能仰視，在歷史上，幾乎還沒有如此迅速爬上榮譽頂峰的先例。」

拜倫和亨利後來還成了好朋友。

亨利時常羞愧地爲自己以前尖酸刻薄的攻擊一再道歉，拜倫一笑置之，對亨利說：「我感謝你還來不及呢！正是你的評論激勵了我的創作。」

批評在所難免，別人的批評更是一個檢視自己腳步的好時機，因爲他們批評攻擊的絕對都是我們的弱點。如果認定自己沒錯，又何必因爲他人的不實說法而感到沮喪生氣呢？

就像美國詩人愛倫坡所說：「在批評中，我變得勇敢，無論批評來自於朋友或敵人，我都一樣堅決肯定。有了這個既定的目標，無論何事都無法改變我的心意。」倘若我是對的，我要這麼做，別人又能奈我何？

不可狂妄、目中無人，但也不必事事順從他人說法，有自己的主見，才能全力以赴爲自己的理想建造出堅不可摧的堡壘。

把批評當作檢驗自己的考題，有一句拉丁諺語是這麼說的：「莫怕戲謔。別人撒鹽傷不了你，除非你身上有潰爛之處。」

想要自在地不理會別人的嘲弄，除了把臉皮練得厚一點，更要一項一項地修正自己的弱點，把各種可能的漏洞填滿，讓對方完全沒有可趁之機。當我們鍛鍊得夠堅強，批評傷不了我們，只會被磨練得更顯光芒。

展現生命的無窮力量

批評，這是正常的血液循環，沒有它就不免有停滯和生病的現象。

——奧斯特洛夫斯基

冷靜，才能面對惡意挑釁

那些不想聽也不該聽的話一出現，不妨試著「閉上」兩隻耳朵，想辦法轉移一下自己的注意力，以自制力迎戰惡意的攻訐。

有很多例子可以告訴我們，放任自己的情緒宣洩是多麼不智的事，不論原因爲何，都沒有什麼好下場。最衰的是，有時候本來並不打算生氣，卻莫名其妙被捲進別人的怒氣裡，最後雙方就氣成一團，沒人開心快活。雖然是蠻倒楣的，可是我們也只能怪自己自制力不夠，那麼容易受人挑撥。

最需要學會「冷靜」這門學問的工作，莫過於客服部門了，不但每天要應付成千上萬的客訴案件，還得不哭不怒陪笑臉，眞是辛苦極了。

被人家劈頭亂罵絕對不是件舒服的事，更何況工作的本身就是如此，如果沒有足夠的耐性和自制力，很快就會精神崩潰。在這個越來越重視客戶服務的時代，修養良好、懂得自我調適的客服人員確實是不可或缺的角色。

據說，十八世紀的時候，美國賓州有一家雜貨鋪爲了解決顧客投訴，想出了一個很好的方法，不但能從容地應付所有顧客的不滿與抱怨，更讓顧客因爲消氣而願意再度上門。

在這家雜貨鋪受理顧客投訴的櫃台前，許多女士排著長長的隊伍，等著向櫃台後的那位年輕女郎訴說他們所遭遇的困難，以及這家雜貨鋪不對的地方。在這些投訴的女士中，有的十分憤怒且蠻不講理，有的甚至講出很難聽的話，但是，櫃台後的這位年輕小姐，總是親切地接待這些憤怒不滿的女士，絲毫未表現出任何憎惡。

她臉上帶著微笑，引導這些顧客們前往相應的部門，她的態度優雅而鎭靜，過人的自制修養實在令人訝異。

把鏡頭拉近一點，仔細一看，那名小姐身後其實還坐了另一個人，她在紙條上簡要地寫下女士們抱怨的內容，完全省略了那些尖酸刻薄的話語。

原來那名年輕女郎根本聽不見，而是由她的助手負責記錄，只將必要的事實記下，讓她可以適當地爲顧客解決問題。就這樣，顧客的情緒得以宣洩，問題也能得到解決；顧客見那名小姐修養如此好，自然不好意思再謾罵下去了。

不中聽的話隨時都可能出現，如果能夠有一副隱形耳罩在這樣的話語出現時自動消音，我們的心情也就不會受到影響了。其實，仔細想想，生命十分短暫，有很多建設性的工作等待我們去做，因此，我們不必對每個說話難聽的人進行反擊。那些不想聽也不該聽的話一出現，不妨試著「閉上」兩隻耳朵，想辦法轉移一下自己的注意力，以最大的自制力迎戰惡意的攻訐。

試著去分辨對方的話出於情緒還是惡意，如果只是情緒上的宣洩，同理一下對方的想法，也就能以同情的態度對待，看對方被怒火折騰得如此痛苦，還不夠可憐嗎？如果對方是惡意挑釁，那我們更無須去理會，因爲一旦回應就落入了對方的陷阱之中。

富蘭克林說：「一個人除非先控制了自己，否則他將無法控制別人。」冷靜下來，一定能夠找到對付的方法，最怕的是攪和進去，最後就成了一場混戰，每個人都成了砲灰。

培養冷靜的自制力，在必要的時候，能夠幫助我們在人際紛爭中全身以退。

展現生命的無窮力量

真正的禮貌就是克己，就是千方百計地使周圍的人都像自己一樣平心靜氣。

——蒲伯

尋求認同，要由尊重出發

尊重是一種發自內心的感受，因為看重對方、在乎對方的想法，甚至願意改變自己。

日本經營之神松下幸之助曾勉勵年輕人：「請覺悟與人共同生活的重要性，常懷感恩的心，以不忘恩、不忽略感謝、尊重義氣的心和人交往。」

是的，只有如此，才能打動別人的心，得到別人認同，順利與別人交往，爲自己建立圓融和諧的人際關係。

想要得到他人的認同，首先得讓對方認識我們，進而了解我們；當然，我們也得先去認識對方、了解對方才行。

「投其所好」往往是事半功倍的好方法。想要打入一個社交圈，如果能夠事先了解那個團體喜歡的話題，避開討厭的話題，當然就能減低被排斥的機會，而順利融入了。

非洲有一個部落，族裡面有個規矩，就是在參加集體活動的時候必須赤身裸體。和外界交流之後，儘管這個族規使得他們遭受了很多白眼和謾罵，但他們卻從沒有因此改變過規矩。

有一次，部落裡爆發了瘟疫感染，許多族衆染病臥床，部落裡的醫生都束手無策，於是決定到鄰近部落去請一位著名的醫生來幫忙醫治。

那位醫生知道他們有那條奇怪的族規，當然覺得非常難爲情，但又禁不住三番五次懇求，最後想到醫生的天職是以救人爲重，便答應了。

族裡面的人很高興能夠請得動這位醫生，也知道醫生爲了他們的族規感到難爲情，所以他們決定爲醫生破例一次。等到醫生要來的那天，所有的族衆都穿上了衣服聚集在會堂裡。

醫生在約定的時刻準時到了，但是當醫生出現，族眾們都愣住了，只見年邁的醫生肩上背著重重的醫療包，身上卻一絲不掛。

從這個例子裡可以很明顯看出，他們雙方都尊重對方的想法，不希望讓對方受窘，因而樂意去配合對方。

這是因爲「重視」才能發揮的力量，尊重是一種發自內心的感受，因爲看重對方、在乎對方的想法，所以願意改變自己。

尊重並不是要抬高別人、貶低自己，而是在自己可以接受的範圍之內，給人方便；如此一來，便可以在人際關係上跨出成功的第一步。

當然，有時候爲了打入某一個社交圈，可能不得不附庸風雅，甚至得模仿那個圈子裡的穿著、說話語氣、做事風格。甚至有人認爲，彷彿非得做到那樣，才能顯出自己有格調，是團體中的一分子。就好像當了官就得有官派頭，不然就落了人後。

可是，格調不應單靠模仿，因爲學得再像，終究不是自己的風格，假如只是勉強裝出樣子，長久下來不累嗎？如果我們連自己的心都不肯眞實面對，那麼最終將失去了自我。

所以，回歸到基本面，當我們謙卑地認識了別人之後，是否也應該讓別人來認識自己，彼此溝通才算得上是眞正的友誼。

展現生命的無窮力量

我們以自己做圓心出發，就會發現有種珍貴的東西正向圓周延伸，我們在此刻找到一點喜悅，在這裡找到一點安寧，在組成地上天國的你我之間找到一點愛。

——G．F．席爾

充滿自信就能說服別人

對自己充分了解，對想說的內容充分了解，對前因後果充分了解，便能產生足夠的信念，自信也就油然而生了。

我們必須承認，能夠掌握語言的訣竅，懂得說話的技巧，可以讓我們事半功倍，甚至從人際關係之中得到不少好處。

有時候不免想，說一句惹人歡欣的話和說一句討人厭的話，其實所要花費的力氣是一樣的，可是所得到的結果卻截然不同。既然如此，爲什麼不想辦法修正一下說話的技巧，將語言轉變成一種對自己有利的工具呢？

一個理髮店的徒弟跟著師傅學藝三個月後，總算可以直接爲客人理髮。當他爲第一位顧客理完髮之後，顧客照照鏡子，有點不滿意地說：「怎麼把頭髮留得這麼長？」

徒弟一時間愣住了，腦子裡一片空白，尷尬得說不出話來。

這時師傅在一旁笑著解釋：「頭髮長，使您顯得含蓄，這叫藏而不露，很符合您的身分。」顧客聽了倒也受用，高興而去。

接著，又來了第二位客人，徒弟小心翼翼地替顧客理完髮，沒想到顧客照了照鏡子卻說：「頭髮怎麼剪得這麼短？」

結果，徒弟又手足無措，不知說什麼好。

但師傅仍笑著解釋：「頭髮短，使您顯得精神、樸實、厚道，讓人感到親切。」顧客聽了當然也就欣喜而去。

一連被兩位客人埋怨，徒弟更不敢大意地爲第三位顧客理完髮，結果最後顧客一邊交錢一邊不滿地說：「怎麼花了這麼長時間，手藝不行吧？」

徒弟無言以對，臉漲得通紅。

師傅笑著解釋：「為『首腦』多花點時間很有必要，您沒聽說：『進門蒼頭秀士，出門白面書生』？」顧客聽罷不禁大笑，倒也開懷而去。

當徒弟輕快俐落地為第四位顧客理完髮，顧客一邊付款卻一邊嘟囔說：「動作挺俐落的，但是，這麼短的時間就理完了，沒認真吧？」

徒弟再度愣住了，同樣一句話也說不出來。

師傅笑著說：「時間就是金錢嘛，您何樂而不為？」

顧客聽了，笑著告辭。

儘管客人們都開心地離去，但徒弟卻忍不住委屈地說：「師傅，我好像每次做的都有錯，可是，為什麼經您一說，又都是對的呢？」

師傅寬厚地笑道：「只看你的切入點罷了。」

手藝是磨練出來的，只要認真學習，總是能出師的，但是，臨場反應就不得不靠自己體會了。特別是做生意的人，要面對的狀況百出，有時候想找碴的人怎麼樣就是有辦法挑剔，如果不能「兵來將擋，水來土掩」，那麼豈不得被打著跑了？

這位師傅的說話技巧顯然已經練到了爐火純青的地步了，無論客人怎麼出招，自有一套方法去應對。爲什麼他能夠如此輕而易舉地從容應對呢？或許是因爲他對自己的工作已有了全盤的了解和極度的自信。

德國詩人作家歌德在《浮士德》一書中寫道：「只要你能夠自信，別人也就會信你。」

說話的人能不能展現出對話語的充分信念，對聽者將會產生不同的影響。如果支支吾吾，別人聽了也會覺得你心虛、對自己的說法沒有把握，對你的信賴感相對也就打了折扣。

反之，當你落落大方地侃侃而談，別人首先就會爲你的氣勢震懾，對你的言論也不會一開始就抱著懷疑的態度，接受的可能性也就大大地增加了。

那麼，要如何才能得到充分的自信呢？

作家羅蘭在《羅蘭小語》裡告訴我們：「充分的自信是由於有足夠的準備、高超的見識、卓越的能力。它不是盲目的剛愎自用，是清楚地知道事情必然的歸趨。這種自信是由知識、見識和力量所形成的。」

自信不是平白無故出現的，自信是累積知識、才能之後自然呈現的。對自己充分了解，對想說的內容充分了解，對前因後果充分了解，如此便能產生足夠的信念，自信也就油然而生了。

展現生命的無窮力量

永遠扮演你的角色——那麼你想成為什麼人就成為什麼人。

——麥克斯．雷因哈德

學習等待水到渠成的幸福

累積和等待，是我們必須忍耐的過程，唯有蓄積了足夠的實力，才有爆發的衝勁。

托爾斯泰說過：「人生就是不斷地追求！」

在這段追求的路途上，我們會不斷地鞭策自己要快速前進，要有效率，要贏在起跑點上，要快、狠、準。可是，有一些時候，「欲速則不達」，跑得太快，追得太急，並不一定會有相對的獲得。

在一條大河邊，有三隻毛毛蟲正在竊竊私語，牠們想到河對岸開滿鮮花的地方，聽說那裡有滿山遍野的花，喝也喝不完的蜜。可是，因爲牠們不斷地趕路，已經非常疲憊了。

其中一隻說：「我們必須先找到橋，然後從橋上爬過去，只有這樣，我們才能搶在別人的前面，佔領蜜最多的花朵。」

然而，第二隻說：「在這荒郊野外，哪裡有橋？我們還是各造一條船，從水上漂過去，只有這樣才能盡快到達對岸，喝到更多的蜜。」

可是，第三隻卻說：「我們走了這麼多路，已經疲累不堪了，現在應該靜下來休息兩天。」

另外兩個極爲詫異：「休息？這簡直是笑話！沒看對岸花叢中的蜜都快被喝光了嗎？我們一路風塵僕僕、馬不停蹄，難道是來這兒睡覺的？」

話未說完，那兩隻毛毛蟲就各自忙碌起來，只剩一隻毛毛蟲躺在樹蔭下動也沒動。牠心裡想，喝蜜當然舒服，但這兒的習習涼風也該享受一番。

過了一會，牠爬上了最高的一棵樹，找了片葉子躺下來。聽著河裡的流水聲如音樂一般動聽，樹葉在微風吹拂下，像嬰兒的搖籃，很快牠就睡著了。

不知過了多少時辰，也不知自己在睡夢中到底做了什麼。總之，一覺醒來，牠發現自己竟然變成一隻美麗的蝴蝶。翅膀是那樣美麗，那樣輕盈，搧動了幾下，就飛過了河。

牠想去尋找另外兩個夥伴，可是飛遍所有的花叢都沒找到，因爲牠們其中一隻累死在路上，另一隻則被河水淹沒了。

「休息，是爲了走更長遠的路。」這話說來不無道理。

萬事萬物其實冥冥之中自有定數，走得快、走得慢都是在同一條路上，都是走到同一個目的地。逞強而爲，不一定就能爲自己帶來幸福；急切焦躁，不一定就能讓事情更快達成。

學習等待的藝術，可以讓我們把焦慮沉澱下來，讓我們有充分的時間，靜心去把景況整個分析透徹。

不斷努力向前是重要的，但是掌握施力的節奏更爲重要。就好像推動一個極重的物品，一直不斷地努力推，使盡吃奶的力氣去推，當然會有一定的成效，但是力氣會減弱，會用盡，效果自然會漸漸微小至消失。

可是，經過短暫的休息之後，儲備了另一波氣力，又可以將重物往前推去，不是嗎？跑馬拉松也是一樣，跑長程不比短跑一鼓作氣就衝到終點，如果不能適當地分配體力，很快就會不支倒地，永遠抵達不了目的地。

累積和等待，是我們必須忍耐的過程，唯有蓄積了足夠的實力，我們才有爆發的衝勁。事先規劃，充分準備，時間到了，自然水到渠成。

展現生命的無窮力量

蘋果青的時候是不應該摘取的。它熟的時候，自己會落的，但你在青的時候摘取，便是損害了蘋果和樹，並且要使牙齒發酸的。——托爾斯泰

微笑就是最好的行銷

一句話說：「和氣生財」，做生意的人要是能夠始終笑臉迎人，生意肯定是會興隆的。

有一次特地慕名到一家餐館用餐，抵達的時間太晚，餐館裡已是客滿的狀態。店員苦笑地說目前沒有位子，當我們表達出願意等待的時候，感覺得出來她有點爲難，但她還是笑著說幫我們想想辦法，請我們稍待片刻。

那是一家歐式自助餐廳，客人想坐多久就能坐多久，店員並沒有去打擾任何一桌的客人，不過可能是因爲我們站在門口等，讓一些已經吃飽的客人不好意思再坐下去，便有人起身結帳。

當店員剛幫一桌客人結完帳，立刻帶著笑容過來幫我們帶位，還熱心地幫忙添椅子。她頻頻抱歉必須先請我們擠一下，等有其他空位再爲我們換位置。她從頭都帶著歉意的笑容爲我們服務，眼前的不舒適似乎變得可以忍受一點，我們也微笑請她慢慢來。

因爲我們到的時間，剛好是所有菜色被前一批客人搜刮乾淨，而新的菜還沒裝盤，總之像是每一道菜都是別人揀剩的，整個用餐過程中其實並沒有值回票價的感覺。

我們終究還是吃飽了，結帳時店員依然微笑地問我們爲什麼不再多待一會兒，反正距離營業結束的時間還有段距離，還有不少新菜會端出來。

我苦笑地請她結帳，因爲就算還有再多的菜，我們也吃不下了。店員將找零的鈔票和一張名片一併交還給我，告訴我們下次可以先打電話來訂位，就不會等太久了。很神奇的，雖然我們沒有吃到最好吃的菜，沒有享受到最高級的服務，但是我們願意再給這家餐廳一次機會。

沒有座位不一定是店家的錯，遲到的客人當然也要負責任，但是那名店員從頭到尾面帶笑容，謙和有禮的態度，便不會讓客人藉機遷怒於她。

旅館大王康拉德·希爾頓就是一個善於利用微笑的成功典型。

一九一九年，希爾頓雄心勃勃地把父親留給他的一萬二千美元積蓄投資旅館經營，展開了他的旅館經營生涯。當他的資產從一萬二千美元奇蹟般地增值到幾千萬美元時，他自豪地把這個成就告訴母親。

但是，他的母親當場潑了他一盆冷水，對他說：「依我看，你跟以前根本沒有什麼兩樣，事實上，你必須把握比五千一百萬美元更值錢的東西，除了對顧客誠實之外，還要想辦法使住過希爾頓旅館的人還想再來住，你要想出這樣一種簡單、容易、不花本錢而又行之久遠的辦法去吸引顧客，這樣你的旅館才有前途。」

希爾頓不停地想，究竟什麼才是「簡單、容易、不花本錢而行之久遠」的辦法？於是，他決定實地去逛商店、住旅店，靠著自己作爲一個顧客的親身感受，終於得出了答案——微笑服務。

而後，希爾頓決定以身作則積極貫徹微笑服務的經營策略。他自己時刻保持微笑，每天對服務員說的第一句話就是：「你對顧客微笑了沒有？」

他要求每個員工不論如何辛苦，都要對顧客報以微笑。即使是在旅店業務受到經濟蕭條的嚴重影響時，他也經常提醒員工記住：「萬萬不可把我們心裡的愁雲擺在臉上，無論旅館本身遭受的困難如何，希爾頓旅館服務員臉上的微笑永遠是旅客的陽光。」

在經濟危機中倖存的百分之二十旅館業中，只有希爾頓旅館服務員的臉上帶著微笑。結果，經濟蕭條剛過，希爾頓旅館就成了世界旅館業的龍頭，而希爾頓也成爲一代富豪。

希爾頓成功不是沒有原因的，自己想要得到什麼服務就提供什麼服務，是經營的不二法門。

美國哲學家詩人愛默生說：「快樂是香水，除非你先灑幾滴在自己身上，否則就無法倒在別人身上。」

有一句話說「和氣生財」，做生意的人要是能夠服務親切，始終笑臉迎人，生意肯定是會興隆的。

要做生意自然是廣開大門，哪有將客人往外推的道理？能夠讓客人願意再給商家機會，就稱得上是成功的經營。生意人不應忘記，消費印象是影響顧客是否再度消費的重要因素。

展現生命的無窮力量

禮貌是快樂做事的方法，禮貌使有理的人喜悅，也使那些受人以禮相待的人喜悅。

——盧梭

自己的未來只有自己才能點亮

過去的榮譽和恥辱只能代表過去，真正能代表一個人一生的，是他現在和將來的所作所為。

教育的過程裡包含了兩個動詞，一個是「教」，一個是「學」，其中有兩種人互爲主詞和受詞，那就是老師和學生。

因爲，光只有教或是只有學是不夠的，必須雙方都意識到自己的責任才能有良好的結果。

彼得．伊文斯和喬夫．迪漢共同撰述的《心智的沒落》一書中，有段話如此寫道：「每位有見識的教師都應該了解，教育的問題在於，我們太重視『教』，而不夠重視『學』。」

教育不是老師一個人想做就可以做到的，得要有學生配合才行。

在美國新澤西州有過這麼一個故事。

那個班級位在全校最不起眼的一角，彷彿最好所有人都忘了學校裡有這個班級似的。可是，班級裡的學生卻不容迂腐的成人就此視而不見，他們每個人都有一段「轟轟烈烈」的過去，有人吸過毒、有人進過感化院、有人墮過胎……如果不是法令規定他們得待在學校，他們也不見得想待在這個視他們爲恥辱的地方。

這些學生對未來完全不抱任何希望，既然學校不在乎他們，他們也不在乎學校的紀律，不但家長個個拿他們沒辦法，連老師們也都束手無策。

新學期來了，一個名叫菲拉的新老師受命接下這個班。菲拉並沒有像之前的幾任老師一樣立刻要求整頓班上秩序，而是在黑板上寫下一道題目。

A：篤信巫醫，有兩個情婦，有多年的吸煙史，而且嗜酒如命。

B：曾經兩次被趕出辦公室，每天要到中午才起床，每晚都要喝大約一公升的白蘭地，而且曾有過吸食鴉片的記錄。

C：曾是國家的戰鬥英雄，一直保持素食的習慣，不吸煙，偶爾喝點酒，但大都只是喝一點啤酒，年輕時從未做過違法的事。

菲拉要求大家從中選出一位後來能夠造福人類的人。

毫無疑問地，每個學生都選了C這個答案，但是當菲拉公佈答案的時候，全班都嚇了一跳。

因爲，這三個人都是世界知名人物：A是富蘭克林．羅斯福，雖然身體有著殘疾，仍意志堅定地連任四屆美國總統。

B是溫斯頓．邱吉爾，也是英國歷史上最著名的首相。

至於C則是阿道夫．希特勒，德國納粹黨的精神領袖，在二次大戰中奪走了無數無辜生命。

菲拉接著說：「孩子們，你們的人生才剛剛開始，過去的榮譽和恥辱只能代表過去，真正能代表一個人一生的，是他現在和將來的所作所為。從過去的陰影裡走出來吧！從現在開始，努力做自己一生中最想做的事情，你們都將成為了不起的人才！」

正是菲拉的這番話，改變了二十六個孩子一生的命運，這些孩子長大成人後，都在自己的崗位上表現出驕人的成績，有的成了心理醫生，有的成了法官，有的當了飛機駕駛員。

值得一提的是，當年班裡那個個子最矮也最愛搗蛋的學生羅伯特．哈里森，成爲了華爾街上最年輕的基金經理人。

「教」什麼並不是最重要的事，怎麼教才能讓學生接受，才是因材施教的眞諦。那二十六名學生明顯地被自己的過往牽絆住，看不到人生的光明面，但是菲拉卻給了他們一盞明燈，告訴他們自己的未來可以憑著自己的努力照亮，要照多遠全看自己怎麼運用這盞燈。

相信這些學生都很清楚，除了自己沒有人救他們，沒有人能救也沒有人肯救，老師僅僅指示了路程，必須靠自己走過這條小徑。

老師的責任就在於鼓勵學生負起自己該負的責任，激發學生自己的學習意願，他們自然會傳遞出真正想要學習的東西，教師才能針對他們的需求提供更多的建議，也才能真正達到教育的目的。

展現生命的無窮力量

使人生愉快的必要條件是智慧，智慧則可以透過教育而獲得。——羅素

你為什麼會擔心美夢成真？

能夠享受的幸福感覺，才是真正的幸福；假若你認為在追求夢想的自己是快樂的，那麼你就是幸福的。

美國作家伊利．歐威爾曾經寫道：「就如同人不能沒有夢而生活一樣，他也不能失去希望而活。」

夢想，是我們往前邁進的重要助力，爲了讓夢想能夠成眞，我們會不斷去努力，敦促自己忍耐眼前的種種不適，因爲當美夢成眞的那一刻，犧牲奮鬥過一切都會是值得的！

可是，有人卻認爲還是做做夢就好了，成眞了反而會是種負擔。你認爲呢？

有一個乞丐無家可歸，每天晚上睡在公園的凳子上過夜，餓了就啃點要來的饅頭。公園對面就是一家豪華旅館，出入的盡是一些衣冠楚楚的富翁，那些人的衣著華貴、乘車氣派，完全落入乞丐的眼中。

相較於乞丐的際遇，那些人的生活，儼然是一段美麗的夢想。睡不著的時候，他總是死死盯著那幢旅館，那種貪慕和飢渴的模樣，似乎是想把它裝進自己的肚子裡。

有一天，有一位富翁注意到乞丐奇怪的舉止，就走到他面前問：「你為什麼每天都盯著那個旅館看呢？」

乞丐說：「我沒錢、沒家、沒房子，只得睡在這長凳上。不過，每天晚上我都夢到自己住進了那家旅館，吃得飽飽的，睡得舒舒服服的。」

富翁想了想突然善心大發，對他說：「好，今晚我就讓你如願以償。我為你在旅館裡租上一間最好的房間，讓你住上一個月，房費由我來付，還供應你一個月的美食。」

但是，不到幾天後，富翁卻發現乞丐重新回到了公園的凳子上，便疑惑地問乞丐爲什麼要從旅館搬出來。

乞丐回答說：「我睡在凳子上，會夢見我在那家豪華的旅館吃得好睡得好，眞的妙不可言。可是，我睡在旅館裡，卻夢見我又回到了冷冰冰的凳子上受凍挨餓，這夢眞的可怕極了，讓我整晚睡不著覺！」

有時候，夢境裡的幻想似乎總是比現實美上好幾百倍，所以得不到的最是美好，得到了反而會有失落感，因爲美麗的幻想被醜陋的眞實取代了。

很多人喜歡談戀愛，享受追求的過程，享受幻想的朦朧美感，當眞正交往，眞正進入婚姻後，現實面無從躲避地展露出來，剎那間「幻想還是最美」的悔恨感油然而生，幻滅也使人感到加倍的痛苦。

有時候，美夢眞的成眞了，卻反而有種不眞實的感受，「我眞的得到了嗎？」

「我眞的擁有了嗎？」眞正得到了，卻反而是擔心受怕的開始，擔心不能持久，害怕終會失去，惶然終日，讓自己過得更加緊張疲累。

就好像故事裡的乞丐，雖然他的夢成眞了，但是顯然這「美夢成眞」的景況是有期限的，沒有辦法永遠擁有，所以他開始擔心，整天想到的都是眼前的一切不知何時會消逝無蹤，這種壓力令他難以承受，還不如回到困境裡幻想順境來得開心愉快。

朗貝克說：「幸福本身就是一種旅程，而不是旅程中的一個目標站。」

唯有能夠享受幸福的感覺，才能算是眞正的幸福；假若你認爲在追求夢想的自己是快樂的，那麼你就是幸福的，因爲你享受的將會是過程，而不是結果。

展現生命的無窮力量

幸福，不過是一種期待！

——高爾基

8

PART

不會，是因爲你不給自己機會

放棄之前再試一次，心灰之前再試一次，
告訴自己，你是做得到的；
如果你真的想要，請給自己機會，再試一次。

感謝的話語，別只放在心底

回想一下被人稱許時的心情與感受，回想一下受人照顧時的感受，把你的想法說出來、表達出來，那是他們應得的。

我們一直都不是只有一個人，在人生的路上，總有人陪伴著我們；不管過程愉快與否，總是一段相陪。

事實上，有許多人確實不知不覺中成爲了我們的貴人，或許拉了我們一把，或許給了我們一個機會，或許爲我們點起一盞明燈。這些恩情我們雖然點滴在心頭，卻常常說不出口，或者忘了說，久而久之，感激好像慢慢被稀釋成了理所當然。

有些時候，感謝的話語，不要只放在心底；雖然有點矯情，雖然有點噁心，但是讓對方知曉你的謝意，對你來說其實是一種情緒的舒壓。

有一名教授曾經做過以下課程實驗，他以作業爲名，要求學生要「做一些有趣的事，以及做一些有利他人的事」，後來有個學生提議以「感恩之夜」的形式來進行，教授欣然同意。

於是，全班約定在課程的最後一天，每一位學生都要帶一位自己生命中很重要但從來沒有好好謝過的人到課堂上來，而且每個人都要上台說明爲什麼要感謝這個人，更要事先對感謝的對象保密。

到了「感恩之夜」當天，學生和「重要人士」都來到教室裡。

由女同學派蒂首先開始，她站到台前表示要對她的母親發表談話。她說她要裡向大家描述一個據她所知最純潔的心靈，也就是她的母親。在場衆多目光立刻投向派蒂的母親，讓她感到有點不自然，忍不住挑高了眉毛，不知女兒到底在玩什麼花樣。

派蒂說：「媽，別擔心，妳並不是被選爲擁有最純潔的心靈，而是妳是我所知道最眞誠、內心最純潔的人。」

派蒂的母親聞言，臉上的表情更加變化多端，有點尷尬、有點靦腆，更有點爲女兒話語動容的紅彩。

派蒂望著母親的臉龐，繼續往下說：「每當哀傷的陌生人打電話給妳，跟妳談論到他們死去的寵物時，我都很驚訝，因爲妳談著談著就會哭起來，好像是妳自己的寵物過世了一樣，妳總是給予對方最大的安慰。小時候，我對這樣的狀況感到很困惑，但是現在我了解了，妳是以妳最眞誠的心，在別人最需要的時候付出了慰藉。」

接著，派蒂看向教室裡的每一個人：「當我談到這個我認爲最好的人的時候，心中只有歡樂，沒有任何東西。我認爲，一個人一生從不要求別人對自己感恩，只希望別人喜歡和自己在一起的時光，這是最謙恭的行爲。」

當派蒂結束她的演說，所有人都眼眶含淚，她的母親更是淚流不止。母女擁抱的場面令人感動，一直到課程結束之前，派蒂和母親的手始終緊緊交握在一起。事後，很多人都表示那一天、那個夜晚，是一個難忘的夜晚。

有一位學生回憶道：「感謝的人、被感謝的人，以及觀禮的人都在哭，我也在哭，只是我不知道爲什麼我會哭。」

這名教授認爲：「在任何課堂上哭泣都是一件不尋常的事，當每一個人都在哭時，你知道有某件事物感動了隱藏在人性中最根本的東西。」

能夠把自己的心意表達出來，往往讓人有種鬆了一口氣的感覺。

或許在表達的當頭會令人很難爲情，或許在傳達的過程不一定得到自己想要的成果，但是，有話不能說，就好像在喉頭哽住一塊骨頭，在心頭壓住一塊石頭一樣，更令人難受。

故事中的派蒂藉著上課的機會，將自己對母親的感謝說了出來，這並不是一段討好的言語，也不是一場虛情假意的演說，而是將她對母親最深刻的想法表達出來。

每天生活在一起的人，給了我們什麼樣的影響、他們眼中如何看著我、我是一個怎麼樣的人……這些問題，對每個人來說應該都是一個好奇、在意卻難以覺知的疑問。

人的心雖然可以互感，卻無法眞實相通，如果不透過語言表達出來，試問對方又如何眞正得知？爲什麼眞正對你好的人卻得不到你最深切的表達？爲什麼眞正愛護你的人卻得不到你最誠摯的感謝？爲什麼不敢把對深愛的人最眞實的感覺說出來？

回想一下被人稱許時的心情與感受，回想一下受人照顧時的感受，如果你眞的害羞，或許可以不用當著衆人的面說，或許可以化諸文字來傳達，就算一個感激的微笑也好，把你的想法說出來、表達出來，確認對方眞正收到，那是他們應得的。

越是面臨絕境，越要設法反敗為勝

唯有勇於突破的勇氣和信念，才可能為你擊破眼前的屏障，讓你鑿穿如山的障礙，成功尋得致勝的寶藏。

很遺憾的，我們不可能總是贏，有時候，勝利彷彿離我們很遙遠，有時候我們就在成功之門面前徘徊，卻苦於不得其門而入；這些時候，沮喪是如此顯而易見的感受。

絕望之境，壓得我們喘不過氣來，明天在哪裡？光明在哪裡？到底有誰能夠拯救自己離開這個困境？答案總是曖昧難明。

這種時候，我們已經無法再癡癡等待救援了，我們得想辦法站起，我們得想辦法支撐下去，唯有依靠自己的力量，唯有勇於突破的信念與行動，我們才有機會逃出生天。

有一家電信公司由於教育訓練做得紮實，使得該公司的職員在業界頗爲出名，凡是在這家公司學有所成的員工，總是有許多機構搶著來挖角。

結果，這家公司宛如成了一家教育訓練中心，一直不停的訓練員工，然後員工一直被挖角。

這家公司想盡了辦法要留住人才，不管是加薪還是升職，或是設立榮譽榜獎勵員工，甚至提供好看的制服、額外的福利和假期……等等，什麼都試過了，可是都不管用。因爲，總有別家公司願意開出更多的牛肉和更優惠的條件，吸引員工跳槽。

最後，這家公司的高層主管不得不開始正視這個問題，試著想出更多的方法，可惜幾乎無法奏效。

一次會議中，有個主管氣得拍桌大罵：「眞想把他們該死的腿給砍了，讓他們想走也走不了。」

原本現場低迷的氣氛，一時間因爲哄堂大笑而吵開了。但是在人人當這是一句玩笑時，有一個人說：「沒錯，就這麼辦。」

所有的人瞠目結舌，說不出話來，直當他是氣昏了頭，連他的上司也摸著頭問：「你說什麼？」

他反而心思篤定地說：「我們可以反其道而行，乾脆只聘用殘障人士參與培訓計劃就好。」

更多的人覺得他已經氣瘋了，所以胡言亂語。

有人問：「你昏頭啦？你知不知道光是添設那些殘障設施得花多少錢？」

但是他立刻回應：「這麼多年來，人才流失對我們造成的損失又何嘗少於那些錢？反正本來就得花的錢，不如花在對公司更有效益的地方。」

他的上司聽了，點點頭，要他說得更清楚一點。

他仔細描述自己的構想：「我們強調優先培訓殘障人士，然後重新設計所有出入口、電梯、洗手間。提供經過改裝的公務車，派駐醫生和物理治療師，提供復建等健康服務……」

所有的人都收斂起笑鬧的心態，開始認眞思考他的提議，最後確實依他的計劃實行，其他公司的挖角行動也宣告終止。

因爲，這些公司知道，想要挖走一個他們的員工，就必須花費更多金錢提供比他們安排得更好的環境。

看似不合邏輯的方法，有時實行起來，反而能夠收得不可思議的成效，端看主事者是否有獨特的創意和思考方式，以及包容創新的心懷和遠見。

歌德這麼說過：「大膽的見解就好比下棋時移動一個棋子；它可能被吃掉，但它卻是勝局的起點。」

創意往往在出人意表的情況下，最能達到驚人的效果。

陷入絕境之時，坐以待斃無疑是最淒慘的結局，連自己都不想救自己，還有誰能來救你？倒不如放手一搏，拚盡自己的全力，從對手最脆弱的地方下手，說不定反而能夠成功突破困境。

越是不可能的路徑，越有可能是活路，在別人未曾設想前出招，勝利的機率必然大增。眼前看似困境，對方也以爲成功地將你逼入絕境，可是，只要你還有喘息的空間，只要你還有氣力掙扎，就還有反敗爲勝的可能性。

所以，越沒有勝率越要走險招，唯有勇於突破的勇氣和信念，才可能爲你擊破眼前的屏障，讓你鑿穿如山的障礙，成功尋得致勝的寶藏。

不要讓習慣安排你的未來

我們的習慣，安排了我們的生活，卻也主宰了我們的生活，如果我們放任不管，最後往往會被束縛住，哪裡也去不了。

習慣一旦養成，就會對人形成一種制約的效力，我們將會受限於我們的習慣，而且深受影響。

比方說，每天早晨出門都開車走某一條路上班，由於走得很習慣了，所以身體幾乎是自然反應地在行動。要是有一天，這條道路剛好因爲施工而暫時封閉，這個時候，對你而言，恐怕就會面臨措手不及的景況；有些人可能會有好一會兒不知自己接下來該做何反應，或者該往什麼地方走。

根據行爲專家研究顯示，人的大腦中對於習之爲常的行動，會設定了一個自動反應模式；這些模式，幫助我們快速進行每一天生活中的各種抉擇。然而，有些突發變異與這些模式形成衝突的時候，反應不及的人，就很容易會陷入茫然的狀態。就好像，每天都有人幫你決定吃什麼午餐，雖然你不見得很滿意這種狀況，一旦有一天你突然得自己做決定時，你肯定會覺得有點爲難，因爲你根本不知道該吃什麼好。

習慣的養成，可能是件好事，也可能是件壞事，端看你養成了什麼習慣，以及你執著到什麼程度。

舉例來說，喜歡打掃、愛乾淨顯然是一項好習慣，但是，如果愛乾淨到潔癖的程度，甚至無法容忍任何一點點髒亂和污點，恐怕就不見得是件好事了。對旁人來說，往往會形成難以共處的壓力。

所以，一旦習慣上了癮，成了一種癮頭，就不是件值得高興的事。因爲，當人陷入不得不爲、不爲不可的情境時，事情帶來的負面影響，必定會使人落入難以爲繼的局面。

有一組科學家曾經透過老鼠進行腦部科學研究，結果因此發現了老鼠大腦中的快樂中心。

實驗者在實證中發現，以一根很細的銀質探針裝在老鼠腦中的「快樂中心」區域後，當老鼠按壓槓桿的時候，就會有些微的電流通過，刺激那個部位接受，讓老鼠感到快感。後來，食髓知味的老鼠，動不動就會想要去按壓槓桿，讓電流通過，獲得快樂的感覺。

甚至一隻很餓很餓的老鼠，即使食物就在另一根槓桿之後，也不會選擇去嘗試新的槓桿，而堅持選擇快感。這儼然就是一種上癮的現象，最後老鼠竟然因此餓死在槓桿之下。

實驗者研究人爲什麼會上癮的原因，其實和老鼠一樣。由於直接按壓槓桿使電流通過腦部，老鼠對大腦的電流刺激產生了強烈的渴求，唯有另一個電流刺激才能滿足這個渴求，但是很不幸的，當下一個電流刺激來到時，又會帶來另一波更大的渴求。

如此惡性循環的結果，直到老鼠累死、餓死之後才會停止。

顯然，到了最後，老鼠按壓槓桿的目的已經不是純然爲了快樂，而是爲了滿足渴望，一種被激起後不斷力求被滿足的渴望。

這種無法停止渴望的渴望，是一種可怕的東西，就像一張充滿魔力的網，一旦被網住就再也無法逃離。

想不到，快樂上了癮，竟會導致如此可怕的結果。

這項實驗讓我們不得不警惕，許多原本美好的事物，一旦執著了起來，往往會變成令人不快的局面。

就好比吃美食原本是人間享受，但是到了非精緻不食、非排場不食，吃飯恐怕會變成一件很累人的事。又好比穿華服原本是美人之好，但是到了非名牌不穿、非奢華不穿的地步，爲了穿華服所需付出的代價可不小。

一直習慣晚上八點鐘要收看連續劇，原本只是單純的享受、打發時間，到了後來卻變成非看不可，甚至為了看電視而排除萬難；等哪天電視壞了，或是停了電，那一天便悵然若失、焦躁不安，這些情緒的產生，竟然不過是因為沒看到某一部電視劇。

聽起來很誇張，但事實上，很多人的生活裡都處處可見這樣的情事發生。我們的習慣，安排了我們的生活，卻也主宰了我們的生活，如果我們放任不管，不加以改變，最後往往會被束縛住，哪裡也去不了。

不要讓習慣安排你的未來，正視自己的習慣，拿捏自己的執著心，才能享受自在均衡的生活。

想久一點，不見得會想得好一點

不要把問題看得太嚴重，能夠減緩我們處事上的壓力，也能夠給予我們的想法更大的包容，讓創意發揮更好的效果。

試著想想一個常見的情境：你的老闆要你想一個案子，你很想表現得好一點，很想提出一個令人驚艷、令人讚嘆的完美方案。可是，你絞盡了腦汁，想了又想，雖然有幾個做法好像不錯，但仔細再想，又好像不夠好，於是，你一直停留在想的地步。

有些時候，我們想得太多，不見得會比較好，反而像是用思緒纏繞住我們的雙腳，然後一步也前進不了。

一位負責教授廣告設計課程的講師，多年的教學生涯下來，發現有一項作業每次總是會有人缺繳。

那是一項期中作業，他要求同學在指定題目的第二天交出一幅戶外海報的設計作品，當然，大部分的學生都會在第二天把作業交出來，但是總有人連張紙都沒有，而且會說他們昨天晚上想了好幾個小時就是想不出來。這些學生有些看起來並不像偷懶找藉口推託，而是深爲這份作業苦惱的模樣；他一連教了好幾年，只要遇上這堂課的這個作業，結果都是如此。

後來，他決定改變方法。這一年，他不再要求學生只交一幅作品，而是至少要交出十幅可行的草圖；而且他不再給學生整個晚上的時間，而是規定他們利用中午休息時間完成。

結果，令人訝異的是，午餐一過，每個學生都至少想出了十個點子，並且完成草圖，甚至有人一次就想了二十五個點子。

這名講師認爲，這樣的結果是因爲大多數人面對問題的時候，唯一的念頭就是想要找到一個正確的解決方案；就好像學校的試題考卷，永遠就是選擇題和是非題，學生一定要找出一個正確的答案。所以，他們都以爲所有的問題都一樣，答案只有一個；當他們找不到看起來很完美的答案時，有些人就會選擇放棄。

可是，生活裡的問題並不全是如此，甚至大部分的問題都有多種解決方案。想要克服這些難題，除了想，還要嘗試。當學生發現可以有許多答案的時候，就能夠很快找出可行的方案。

很多事情看起來是難題，卻不見得會讓人爲難，相對的，很多事明明知道不難，卻總是遲遲進行不了；這往往是因爲找不到方法，也可能是心態不對。

就好像故事裡面的學生，他們將題目想得難了，相對的也會往難處求答案，於是，怎麼找也找不到合意的結果。但是，事情眞的那麼難嗎？

事實上，沒有實際去嘗試，我們是不會知道眞正的難處在哪裡，也不會明白什麼是可解決的難題，或什麼困難是根本不需要去碰觸的。

保險大亨N．克萊門特．斯通說：「目標再偉大，如果不去落實，永遠只能是空想。成功在於意念，更在於行動。」

很顯然的，想要成功，你不能不想，也不能不設立目標；更重要的是，光想不行，還得付諸行動。

就算眼前有好幾條道路，也要打定主意選一條開始走；如此，即使走錯了路，也能得到「這條路是錯誤的」的結果。假使始終停留在原處一再思量，最後還是可能走上錯路。

心理學家阿爾弗雷德．阿德勒如此說過：「生活是一段富於創造性的歷程，它提供了許多機會，卻沒有不可克服的困難。」

由此可見，透過人的創造力，只有要解決的方法，困難又有何難？

事實上，每一道難題都有解法，而且不只一種，差別只在於演算歷程的長短而已。天資聰穎的人少走點路，資質平庸的人多花點時間，就算真的駑鈍，想成功抵達目的地也不是不可能的事。

有句話說「笨鳥慢飛」，沒人說笨鳥就不能飛、飛不到，頂多是慢點飛、飛得慢罷了。

所以，遇到問題，先把心態調整好，先別去想這是個很難的問題，先別急著想找一個很棒的答案，這樣一來，處理問題時會輕鬆很多，事情也多半能順利迎刃而解。

知名作家斯賓塞．約翰遜提供一個不錯的想法：「轉移問題的方向，絕不要讓某個問題在你眼中顯得太重要，足以折磨你。這是很重要的經驗。」

不要把問題看得太嚴重，能夠減緩我們處事上的壓力，也能夠給予我們的想法更大的包容，讓創意發揮更好的效果。

活用優勢，就不會屈居劣勢

弱小的人並不一定就會屈居劣勢，只要善用自身的特點，並且予以強化，反而可以營造出自己的優勢，輕鬆取得勝利。

我們必須承認，每一個人都是不同的個體，我們可能在某些部分很相像，但絕對不是完全一樣。

簡單來說，每個人都有自己的特點，如果能夠改變想法，讓自己的特點成功轉化爲優勢，在某些情況下，這些優勢將會爲我們扭轉事情的局面。

舉例來說，小孩子的能力尚未發展完全，在法律上也不具有行爲能力，是需要受到保護的對象，但是，不可諱言的，有時候小孩子能做的事情，反而是大人做不到的。

小迪明和姐姐蘇菲，從小就在父母親的狹小餐館中幫忙，由於兩個人年紀還小，頂多就是幫忙揀揀菜、洗洗碗盤。

這家餐館是父親退伍之後以所有積蓄開成的，一家四口人胼手胝足從早忙到晚，然而所獲得的營利只不過剛好夠溫飽而已。

事情發生的時候，小迪明不過八歲，當時他在廚房裡洗碗，突然姐姐跑了進來，一臉驚恐地說：「那個人喝醉了，好大聲地罵媽媽！」

小迪明跟著姐姐來到門口，看見收銀機旁有一個滿臉鬍渣的客人，喝得醉醺醺的，滿嘴髒話，正在對母親滔滔不絕地抱怨。

「喂，你們這是什麼餐館？妳看，這吃起來像老鼠肉一樣，還說是豬肉，而且，啤酒竟然一點也不冰，這叫人怎麼喝？……」

那個人吼叫得相當大聲，憤怒的模樣也相當令人害怕，只見他一把抓住母親的肩膀，彷彿就要動粗。

一時間，小迪明沒有多想，立刻衝出廚房，擋在母親和客人中間，想要保護母親。他鼓起勇氣說：「先生，請問我能為您做什麼嗎？」

那名客人被這個突然衝出來的孩子嚇了一跳，打了個酒嗝，吶吶地說：「呃……啤酒是熱的，而馬鈴薯泥卻是冷的……」

小迪明連忙跟著說：「是的，眞不好意思，我和我母親都感到非常抱歉，您看，這裡只有四個人在做，我們已經很盡力了，可是今天晚上實在是忙不過來，眞的很抱歉。希望您以後有機會再來光顧，那時您一定可以發現我們其實是一家很不錯的餐館。不如今天讓我們請客，如果你下次再來，我們一定會再附贈一瓶酒向您賠罪。」

那人看到小迪明一臉誠懇的模樣，又是個八歲小孩，一時間氣焰也消弱了下來，說道：「好吧！實在很難跟小孩子爭辯……，那就算了！」

那個酒醉的客人總算走了，而且離開時怒氣已經消退了一大半。

從此以後，要是店裡面又碰上了難纏的客人，家人經常就會有默契地交給小迪明去負責。

在這段故事裡面，小迪明的行動，應該是成人也會做出的回應。面對難纏的客人，當然要想辦法安撫，並且轉移注意焦點。不過，大家心知肚明，有時候安撫不一定就能發揮功效，有些人越是好言相勸，越是要把場面鬧得難看。

但是，小迪明是個八歲的小孩，試想一個大人和小孩爭論的場面，怎麼看都會像是大人在欺負小孩，縱使客人的爭論有理，一般人還是會認爲大人不該和小孩計較。

顯然，年紀小就是小迪明的優勢，也是爲什麼由他來調停會比其他成人出面勝率更高的原因。

事實上，小孩子眞的是調停高手，日常生活中經常可以看到，夫妻吵架鬧得不可開交，結果經由孩子穿針引線，兩人順利言歸於好的例子。

這當然是建立在成人對年幼的小孩自然會產生疼愛感的前提之下，因爲自認自己是個大人，不應以大欺小，也不忍傷害孩子純真的心，所以面對小孩的時候，心會自然軟化。

一旦軟下心，立場便會鬆動，拒絕和反對也就很難說出口。就像故事中的客人，面對一個幼小的孩子，說話內容又軟言好語，想要故作生氣，也很難再繼續胡鬧下去，最後連自己都覺得太過激動，當然只好摸著鼻子離開。

由此可見，弱小的人並不一定就會屈居劣勢，只要善用自身的特點，並且予以強化，反而可以營造出自己的優勢，輕鬆取得勝利。

不會，是因為你不給自己機會

放棄之前再試一次，心灰之前再試一次，告訴自己，你是做得到的；如果你真的想要，請給自己機會，再試一次。

法國哲學家帖紐說過這麼一段話，相當值得省思。他說：「『你要有自知之明』，這句話的確給予我們很大的警惕。不論研究何種學問或道理都是一樣的，一定要親身體驗，挖掘問題之所在，就好像安置在門上的門栓一樣，如果沒有去探觸，就無從知道是否上鎖。」

帖紐這段話所說的意思不難了解，很多事情如果不嘗試看看，其實並不知道會有什麼結果。

不會，是因爲你不給自己機會，如果你想改變未來，那麼從現在就要改變自己的心態，不要讓「不會」阻礙自己的未來。

很多時候，「自知之明」可能只是我們不願嘗試的藉口。

一個人來到畫家的畫室參觀，對畫家的畫技感到十分佩服，忍不住讚嘆說：「天啊，你畫得眞好，要是我能像你一樣會畫畫就好了。」

畫家停下手中的鉛筆，問道：「你說像我一樣什麼？」

那個人被這麼突然一問，好像有點嚇到，不過還是熱切地回答：「像你一樣會畫畫啊，你看，你畫的椅子就像椅子，要我來畫八成會四不像。」

畫家繼續問：「你哪裡有毛病？」

針刺般的尖銳問題，一時之間讓人有點難以招架，這個人連忙反問：「你的意思是？」

「你會寫字吧！你能寫自己的名字嗎？」

「當然可以！」這個問題實在太匪夷所思，更似乎帶點侮辱，使得那人忍不住張起防衛的態度。

「那你有什麼肌肉上的疾病？還是眼睛看不見？」

「沒有！」彷彿已經到了忍耐的極限，那人的聲音不自覺地大了起來。

「那你爲什麼不能畫出你看到的東西？」

「我怎麼知道？我就是畫不出來！」怒氣已然凝結。

就在那人打算拂袖而去時，畫家淡淡地對他說：「既然你的身體沒有阻止你畫，那就是你的心理因素啦。如果你的肌肉控制沒問題，眼睛沒問題，也沒有其他病痛，那麼你之所以沒有辦法畫出這張椅子，是因爲你根本沒在看這張椅子。」

「我看得到這張椅子！」那人火氣雖然稍稍消減，但卻仍然頗爲不悅。

「對，你是看得到，但是你根本沒用心看。」畫家斬釘截鐵地說出結論。

那人滿臉納悶地看著畫家。

只見畫家走過去抬起那張椅子，然後交到那人手上，說道：「如果你眞的看到這張椅子，你就能畫，拿去，仔細看十分鐘，好好研究。想像把椅子拆開，再組合起來。看它的設計、材質、大小、比例、顏色……等等，細看每一片面頭是怎麼接合在一起的，每一道曲線又是怎麼形成的，把你所看到的一切默記在心裡，從各個不同的角度去看。仔細看、用心看，只要十分鐘你就能學到有關這張椅子的所有知識，讓你對這張椅子的了解程度比你這輩子所看到的任何椅子還要多。等你看完以後，你就能畫出和你學到完全一樣的東西。」

十分鐘後，那人眞的畫出一把椅子，雖然椅腳太細，比例有點失衡，但看起來，無疑就是一張椅子。

有一位師長，一直很得意自己五十歲的時候學會彈琴，因爲他在四十九歲時才做了學琴的決定。

他總是這麼說：「彈琴有什麼難？只要把手指放到琴鍵上就好了。」

演奏鋼琴當然是一門專業，想要把琴彈得很好、令人讚嘆，自然是需要有琴藝的天分和不斷的努力練習。

但是，如果彈琴只是爲了自娛，只是爲了享受彈琴的樂趣，那麼，彈琴的確不是難事。

因爲，你只要把手指放到琴鍵上就成了，你所需的技巧只要知道哪一個琴鍵會發出什麼樣的聲音，以及琴譜上的記號代表什麼意思，便非常足夠了。

即使偶而走音、跟不上節拍，那又如何呢？你就是會彈，頂多不是彈得非常好罷了。

同樣的，故事中的畫家也是如此作想，當你說你不會畫的時候，你其實是不想畫，否則你總能畫得出來的。

用盡全部的專注力去觀察、去觀看，去了解事物的本質與構造，了解得越多，你就越能做得很好。

所以，別再一味地說自己做不到了，因爲事實證明，只要你眞的想做，你就能夠做得到。

例如，只要你想唱歌，張開口就能唱，就算你沒有辦法發聲，只要你眞的想，你還是能夠演唱。

知名電影導演盧貝松曾經拍過一部片子，劇中女主角是一名不能說話的少女，但是卻擁有極佳的舞藝；透過在身上裝置振動發聲器，她的舞姿便演奏出一段又一段動人的曲調，說出她的想法與意念。

人的潛能有無限的可能，心念和態度是一道開關；當你說「我不會」、「我做不到」的時候，你便將所有的可能性一把關上了。

放棄之前再試一次，心灰之前再試一次，告訴自己，你是做得到的；如果你真的想要，請給自己機會，再試一次。

強勢壓制只會招來反撲

懂得方法可以省卻許多不必要的挫折。有時候強勢壓制不見得有效，能夠因勢利導，才能將反撲的力量加以化解。

大家都知道，想要成功滅火，有兩個訣竅，一是移除可燃物，二是排除助燃物。以蠟燭爲例，想要讓蠟燭不再燃燒，一個方法讓棉芯或蠟燒完，另一個方法就是排除蠟蠋周邊的氧氣，兩種都可以成功將蠟燭的燭火熄滅。

其中，棉芯和蠟是可燃物，而氧氣就是助燃物，吹熄蠟燭其實就是在瞬間將蠟燭周圍的氧氣驅離，才能達到熄火的效果。

有時候，想要成功抑制某種不良行爲，或許可以參考一下滅火的方法。

有一名警長面臨了很麻煩的處境，在他的轄區內有個地方不知怎麼的變成了男學生的度假天堂，一到假期就有一群又一群的男孩子湧進這一區。

這些學生喝了過多的酒，不時在街上叫囂，偶爾還會打起群架，惹得街坊不得安寧。

鬧事的傢伙當然會被關進牢房，但麻煩的是，等這些孩子酒醒之後離開牢房，這段「蹲鐵牢」的經驗，竟然反過來成爲一種男子氣概的象徵。於是，到了下個假期，有更多人前來，也有更多人被關進牢裡，甚至故意惹事被關，彷彿沒有經過這段經驗的洗禮，就像白來一趟似的。

警長決定狠下心來對付這些孩子，只給他們白麵包和清水，想辦法苛刻他們。

可是沒想到，這樣下來反而更刺激了那些年輕人，連沒喝醉的人也想辦法裝醉，好被警察逮捕，進牢房吃白麵包配清水。因爲，要是沒被關過的，就好像膽小鬼、娘娘腔，不只無處吹噓，更會受人恥笑。

結果，監牢竟然不夠用，還得向別的城鎮商借流動監牢，而且每個警察都不得休息，非得輪班守衛不可。

最後，這名警長火大了，決定不以罪犯的方式對待這些年輕人，改給這些長不大又幼稚的傢伙吃嬰兒食品，以對待嬰兒的方式對待他們。很快地，英雄變成狗熊，再也沒有人想惹事生非逞英雄了。

這名警長被問及這段過往時說：「本來，我心想要怎麼樣才能給這些違法的學生最嚴厲的處罰，給他們清水和白麵包反而適得其反，結果，一點也不管用。後來，我改問自己，要怎麼樣才能讓他們因爲難堪而罷手，毫無疑問的，你已經知道哪種方法有效了。」

顯然，面對越挫越勇這種心態時，得特別小心處理，以免不知不覺中反而助長了對方的氣焰。

就好像當年吳王夫差意圖使勾踐屈服，以武力要求勾踐夫婦爲奴爲婢，極盡羞辱之能事，結果非但沒有徹底拔除勾踐的傲氣，反而讓他遇挫越勇地奮發向上，最後終能成功復國。

故事中的警長，原本採用壓制的手段，想要以強勢的態度恐嚇那些犯錯的年輕人，沒想到反而激起他們的叛逆心理，結果適得其反。既無法移除可燃物——讓年輕人不再進入這個城市，又無法移除助燃物——消滅他們「坐牢就是英雄」的心態，最後自然麻煩惹不完了。

後來，警長改弦易轍，先以嬰兒食品消弱那些年輕人的「英雄氣概」，成功去除助燃物，果然有了不同的效果。

解決問題之時，懂得方法可以省卻許多不必要的挫折。很顯然，有時候強勢壓制不見得有效，能夠因勢利導，才能將反撲的力量加以化解。

美國知名潛能開發專家戴爾·卡內基認爲：「大陽能比風更快地脫下你的大衣；仁厚、友善的方式比任何暴力更容易改變別人的心意。」

只要運用生活的技巧、了解人性的特質，許多難題都有方法可以解決。

不被身外之物牽著走

身邊不留多餘的物品、沒有額外的需求，也不會有額外的貪念，生活知足常樂，也是一種自在的生活方式。

老子說：「夫唯不爭，故天下莫能與之爭。」

這句話的意思就是說，正因爲與人無爭，所以天底下沒有人能與之相爭。

其實，人生的壓力，主要便是來自於對慾望的追求，不滿足於現狀，企圖追求更高、更遠、更美好的未來，因此煩惱便跟著應運而生。

能夠不重身外之物，看淡生活欲求的人，是最自由的人。

東晉時有個讀書人名叫王恭，平常生活儉樸，不圖享受，人們都說他將來定能做一個有用的人。

有一年，王恭隨父親從會稽來到都城建康，他的同族王忱前去看望他，兩人一見如故，一起在一張竹席上促膝談心。

王忱覺得身下所坐的席子質感非常光滑，坐起來相當舒服。他心想王恭既是從盛產竹子的會稽而來，像這樣的竹席一定帶了不少來，很希望王恭送他一張竹席。於是，他對王恭說自己很喜歡這種竹席，如果王恭能將多餘的竹席送他一張就太好了。

王恭聽了，當下毫不猶豫地便將身下這張竹席贈送給王忱。

王忱千恩萬謝地走了。

其實，他根本不知道，王恭只有這張竹席而已，送了人，就只好改用草席。

王忱知道這情況後，感到十分驚訝，相當過意不去，於是又急忙將竹席送回，且對王恭表示歉意。

但是，王恭只是笑笑地說：「沒關係，是您不太瞭解我而已，我王恭一向沒有什麼多餘的物品。」

王恭並不困窘於自己的貧苦的家境，反而安貧樂道地過著儉樸的生活，如常地與朋友交往。

這是因為他認為物品只要夠用就好，不需要多加囤積，錢財當然也一樣。所以他既不貪羨別人的榮華富貴，也不以自己的貧窮為苦，因此當王忱向他提出贈席的要求時，他更毫不猶豫地將自己唯一的一張竹席，送給自己的好友。沒有竹席，草席也一樣合用。

仔細去想，這樣的人生觀與價值觀也沒什麼不好。

一個人，只有一個身體，幹什麼要好幾個房間、好幾張床？吃東西吃得飽就成，為什麼要天天山珍海味？

走路嫌累，於是努力賺錢買車代步；買了車又嫌不夠拉風，再賺錢換車；換了車還會嫌不夠名牌、不夠寬敞……這樣下去永遠沒完沒了。

諷刺的是，說不定到最後才發現到，再貴、再新、再豪華、再多功能的車子，其實也只使用到一樣功能，就是代步。眞是爲何辛苦爲何忙？

像王恭那樣，身邊不留多餘的物品、沒有額外的需求，也不會有額外的貪念，生活知足常樂，也是一種自在的生活方式。

英國詩人布萊克曾經寫過有名的詩句：「在一粒沙中，我看到世界；在一朵花中，我看見天堂。」

這就是一沙一世界，一花一天堂的體悟。不依別人的眼界去生活，就能活出自身的美感，感受單純的幸福。

9

PART

人生只有選擇，沒有準則

別人的眼是看不到你的感受的，
每個人的想法都不盡相同，
什麼是對、什麼是錯，也沒有一定的準則。

人生只有選擇，沒有準則

別人的眼是看不到你的感受的，每個人的想法都不盡相同，什麼是對、什麼是錯，也沒有一定的準則。

每一個人來到這個世界上，都會有自己的定位和自己的發展，只要能在對的時機到達對的地方。

有一位曾經轟動一時的女明星，毅然決然地洗盡鉛華，投入琉璃的世界，數十年來無怨無悔。她在金錢與名利上的獲得，不見得能夠超越她身爲藝人的時代，但是，在那個她自己選擇的世界裡，她從創作中得到了快樂、自我價值和心靈的滿足。

在眾人的錯愕聲和批判聲中，她仍勇敢前行，在眾人的掌聲與喝采之中，她仍一如以往。

令人敬佩的，不只是她為了理想和目標的堅持和努力，還有她為自己找尋生命意義與價值時的信念與勇氣。

在美國佛羅里達州雷斯伊翰灣有一座燈塔，負責照顧燈塔的人，在那座偏僻的孤島上已經獨自生活了將近四十年。

他還是二十歲的年輕小伙子時，就隨著伯父一同來到這座海灣上的小島嶼。他的伯父是一名漁夫，兩個人白天一同捕魚，到了晚上就在島上點起燈火，從此，在遼闊的大西洋海岸，便多了一座明亮的燈塔。

由於他們兩人的堅持，在狂風暴雨的黑夜，在颶風狂肆的時節，不知拯救過多少受難的漁船。

那些獲救的人，偶爾路過孤島也都特意為他們準備一些生活物資作為酬謝，但是每次都被這對伯侄倆拒絕了，他們只接受了一部發電機，從此島上的燈塔也不再使用篝火了。

就這樣，伯侄倆在雷斯伊翰灣度過了二十年寒暑，後來，他的伯父去世，剩下他一個人，仍舊白天捕魚，晚上守著燈塔。

那年十月，雷斯伊翰灣氣候格外異常，他整夜幾乎都醒著。他知道，每年的海難事故頻繁季節已經來臨，他的小屋外已是驚濤駭浪，他一遍遍檢查，給風力發電機的軸承加潤滑油。

此時的小島像是要搖動起來，他從小屋裡走出，像伯父一樣敏銳地眺望大海，海面上黑壓壓一片，浪頭拍打著礁石，發出一聲聲巨響。突然，他發現遠處的海面上有一點亮光，只有螢火蟲的光亮那麼大。

他立刻迅速爬上燈塔，將燈塔裡的燈又墊高了許多，並在廢棄了的火坑裡重燃起了篝火。遠處的亮點越來越大，漸漸靠近了他居住的孤島，那是一艘瑞典籍的貨輪。

天亮了，船長帶領船員打算爲島上的工作人員送去幾噸食品，可是當船長走進島上他的屋子，才發現屋子還抵不上船上的一個集裝箱大。

「我要帶你離開這兒！」船長激動地對他說。

「我至少能給你每個月三千美元的薪水。」船長又說。

「十年前，一位像你一樣的船長曾答應給我每個月四千美元的薪水。」守塔人平靜地說。

他的堅持，感動了船長，當臨別的時刻來到，船長站在船尾，望著漸行漸模糊的燈塔，心中的感觸分外鮮明。

我們可能很難理解那名守塔人的堅持，但是他卻如此清楚地表示——這就是我想要的生活與存在的價值。

一個人能夠順隨自己的心意去過生活，是一種幸福，也是一種勇氣，因爲別人的眼是看不到你的感受的，正所謂「如人飲水，冷暖自知」，每個人的想法都不盡相同，什麼是對、什麼是錯，也沒有一定的準則。

選擇自己的人生，設定自我的價值，也許剛開始會有雜音亂耳，但只要你能堅持，堅守自己的心意和原則，沒有什麼阻礙得了你，最後，你的努力和堅持，終會明明白白地呈現在衆人眼前。

展現生命的無窮力量

要做一個男兒漢，必須不人云亦云。

——愛默生

沒有偶然的成功

成功絕非偶然，鑽研任何一種技藝，一定要經過長時期的苦練，才能達到出神入化、隨心所欲的境界。

牛頓說：「天才是恆久的耐苦。」

這個世上，有無數的成功人士，如果細心地去觀察他們背後的故事，我們將會發現到一個事實，那就是成功並非偶然，是要擁有毫不動搖的耐心與毅力方能達成的。

義大利著名小提琴家帕格尼尼，最擅長演奏旋律複雜多變的樂曲，他高深的琴技很受古典音樂愛好者的讚賞。每次舉辦演奏會總是座無虛席，場場爆滿，在場聽眾無不如聽得如癡如醉。

有一天晚上，帕格尼尼再度舉辦了一場音樂演奏會，其中有一位聽眾聽了他出神入化的演奏之後，一口咬定帕格尼尼的小提琴是把魔琴，才能演奏出這般美妙的曲音，冒昧要求一看。帕格尼尼聽了，立即大方答應借出。

那個人接過了小提琴，前前後後看了看，卻發現那把琴其實跟一般的琴沒什麼兩樣，心裡不禁覺得奇怪。

帕格尼尼笑了笑接回小提琴，說道：「你覺得奇怪嗎？老實告訴你，不管是什麼東西，只要上面能裝上弦，我都能拉出美妙的聲音。」

那人便故意刁難地問：「皮鞋也可以嗎？」

帕格尼尼回答：「當然可以。」

於是，那人立刻脫下皮鞋，遞給帕格尼尼。帕格尼尼接過皮鞋，在上面釘了幾根釘子，又裝了幾根弦，準備就緒後便拉了起來。說也奇怪，皮鞋在他手上，演奏起來竟跟眞的小提琴差不多，不知情的人聽了那美妙的旋律，渾然不覺是以皮鞋拉的！

如果不是對自己的技藝有相當的自信，帕格尼尼必然不敢妄下狂語。而要對自己的技藝有相當自信，勢必要經過一番苦練方能達成。

曾獲得奧運金牌的滑雪選手戴安娜．格登，雖然只有一隻腿，但是她滑雪速度卻快得不輸四肢正常的人。別人問她：「妳怎麼能做到那麼快？」

她回答說：「我一年接受一百五十天的嚴格訓練，還有不斷地練習。如果你一年也訓練一百五十天，相信你也可以和我一樣快！」

相對的，天才如果不能持續努力，光環恐怕也不過曇花一現。

由此我們可以得知，成功絕非偶然，鑽研任何一種技藝，一定要經過長時期的苦練，才能達到出神入化、隨心所欲的境界。就像帕格尼尼一樣，雖然只是一隻皮鞋，他也能用它演奏出絕妙的樂音。

急躁行事只會壞事

行動之前先把行動計劃想得確實，然後靜待行事的時機，快速且準確地出手，成功率必然大增。

小時候，在公園裡抓蝴蝶，拿著網子胡亂揮撲，總是一隻也捉不著。問題就出在沒有耐心，想要越快捉到蝴蝶，結果動作太急又太大，哪隻蝴蝶不會飛走？結自然是捉不到！

後來才知道，捕捉蝴蝶的訣竅是屏住呼吸，悄悄靠近，用手悄悄地攏住，千萬不可有什麼風吹草動，以免驚動了蝴蝶，然後再趁蝴蝶合翅休息的時候，輕輕地捏住蝴蝶的身體。如此一來，就能抓住蝴蝶而不至於傷害牠們美麗的翅膀了。

一直覺得，捉住人生機運有時也像捉蝴蝶一樣，我們得有耐心，太過急躁就如同大力揮舞手臂，帶動了風流，機會就會像蝴蝶一樣飛走了。

具備耐性又能冷靜的人總是機會多點，他們不會急躁行事而壞事，不會因爲憤怒而盲目，有時還能省時不費力地得了好處。

俗話不是說「鷸蚌相爭，漁翁得利」嗎？爭鬥的人最後總是不免鬥得兩敗俱傷，讓那些沉得住氣的人得利。

清廷派駐台灣的首任巡撫劉銘傳，是建設台灣的大功臣，台灣的第一條鐵路便是由他督促修建而成的。

據說，劉銘傳最後之所以被會任用，有這麼一則發人深省的小故事。

當時，李鴻章將劉銘傳推薦給曾國藩，同時也推薦了另外兩個書生。但是，巡撫名額只有一個，曾國藩爲了有所取捨，決定安排一個測驗來評斷他們三人中誰最好，便約他們在某個時間到曾府面談。

可是，到了約定的時刻，曾國藩卻故意不出面，讓他們在客廳中苦苦等候，然後再暗中仔細觀察他們的態度。只見其他兩位才等沒有多久，就露出不耐煩的神情，不但不停地抱怨，還焦躁地在客廳裡走來走去，只有劉銘傳一個人安安靜靜、心平氣和地欣賞牆上的字畫。

後來，曾國藩終於出來，一開頭就考問他們客廳中的字畫，當然只有劉銘傳一人答得出來。

結果，當然是劉銘傳被任命爲台灣巡撫。

有人說：「與其找尋好運，不如尋找得到好運的機會。」

這句話可說得沒錯，就像身處在花園之中，面對滿園飛舞的繽紛彩蝶，一味地狂追不一定就能夠抓到一隻半隻，但是只要靜靜地守在一株香味四溢的花朵旁，平心靜氣地和周遭融爲一體，蝴蝶就會緩緩地飛來了。

只不過，當機會出現眼前，雖然內心雀躍不已，還是要耐住性子、沉住氣，否則機會可能就像蝴蝶一樣，受了驚動，結果慌慌張張地飛走了。

耐心是可以練習的，深呼吸冷靜下來，在焦躁來臨之前先找個轉移的目標，煩躁之心自然能得到消除。匆匆忙忙和按部就班所花費的時間其實是一樣的，倉促中要是出了差錯，還不是得回過頭來修正，何必呢？

急躁行事只會壞事，行動之前先把行動計劃想得確實，仔細觀察周遭，將種種可能的線索收納於心，然後靜待行事的時機，快速且準確地出手，成功率必然大增。

欠缺抗壓能力，就無法面對打擊

每個人都希望一生順遂，但是沒有一絲阻礙的人生，不見得是一件好事。

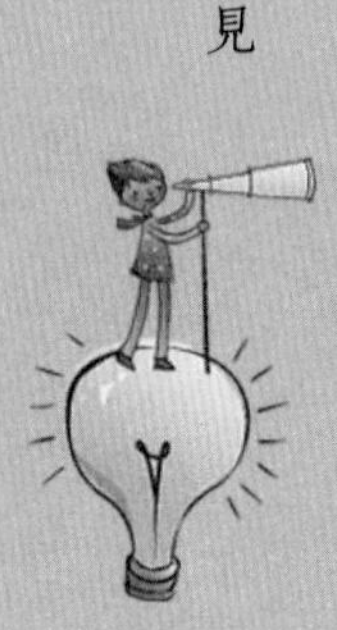

有一句話這麼說：「善泳者易溺」。爲什麼會出現這種現象？癥結就在於對自己太過自信，對環境太過輕忽。

老天爺安排了各式各樣的考驗，不讓每個人的人生過得太平穩，生命中總有不幸與不順遂等待著我們，等待我們去跨越，去克服。

當我們越過一個又一個險灘，我們學會了留心和謹慎，而後再經歷險灘，也能如走坦途一般順利了。

有一對夫妻老來得子，對於這個孩子也就特別寵愛有加，不料竟把他寵成了一個小霸王。

小孩子不只做事毛毛躁躁，脾氣更是固執，整天蹦蹦跳跳，連路都走不好，每天不是弄濕了鞋子，就是弄髒了褲子，動不動就號啕大哭，哭得驚天動地。做母親的拿他沒辦法，除了整天跟在他身後洗洗擦擦，只能搖頭嘆息。

小孩子長到了七歲，也該是上學的年紀了，毛躁的脾性還是一點長進也沒有，走路上學竟然天天都在田埂裡滑跤，全身弄得髒兮兮的，到了學校就挨罵，一回到家就嚷著不肯上學了。

一天清早，孩子的父親拿了一把鐵鍬，在兒子每天上學必經的田埂上面斷斷續續地挖了十幾道缺口，然後用棍棒搭成一座小橋，只有小心走上去才能通過。那天上學，兒子走在田埂上，看見面前一下子多出了這麼多的小橋，很是詫異，不知該走過去，還是停下來哭泣。

四顧無人，看來哭也不能解決問題，最終他選擇走了過去。背著書包的他搖搖晃晃地通過小橋時，驚出一身冷汗，但竟連一次也沒有哭。

回到家，吃飯的時候，兒子跟爸爸講了今天走過一座座小橋的經歷，臉上滿是神氣，做父親的則坐在一旁誇讚他真勇敢。從此以後，他上學的路上再也沒有出現過麻煩。

後來，丈夫才對妻子解釋道：「平坦的道上，他左顧右盼，當然走不好路；坎坷的路途，他的雙眼必須緊盯著路，因而走得平穩。」

一個人的能力，往往與承受的壓力成正比，只要壓力不過於沉重，不超出負荷範圍，那麼，這些壓力就會激發潛力，轉化爲成長的動力。

相對的，在這個抗壓能力普遍低落的時代，人要是欠缺抗應有的壓能力，往往就無法面對突如其來的打擊。

有一句話說得極好：「過多的陽光會造成沙漠。」

每個人都希望一生順遂，但是沒有一絲阻礙的人生，其實不見得是一件好事。在孩子的成長和學習道路上安排一些阻礙，鼓勵他們勇敢去跨越，對於孩子信心的磨練有極大的功效。

一味地給他順境，什麼事都不經努力就能獲得，無形中也減低了他們抗壓的能力，未來一旦遭遇到挫折，就心慌意亂，熬不住失敗的打擊，對他們來說反而有害處。

困難和阻礙，是成功的踏腳石，成熟的人能學會善用這兩者來激勵自己，因爲「時勢造英雄，英雄造時勢」，能夠在危機與艱困之中脫穎而出的人，才是優秀的人才。

展現生命的無窮力量

天空最黑的時候，人才看得到星辰。

——愛默生

惺惺作態是一種無言的傷害

面對弱者，我們可以關心卻無須可憐，可以默默伸出援手
而不是當眾施恩，可以同情卻不用惺惺作態。

奧地利學者褚威格在《同情的罪》一書裡這麼說過：「一個人的同情要善加控制，否則比冷淡無情更有害得多。」

這話聽起來令人驚心，但是仔細想想，其實不無道理。

我們以爲自己在施捨，在憐憫，是在做好事，我們滿足的可能只是虛榮心，把別人的尊嚴踩在腳下，即使無心，也是殘忍的。

曾有一個救助團，來到一座山村裡提供協助，帶來了不少物資和人力，希望能夠爲這座小山村盡一份心力。

他們聽說了山村裡最窮一戶人家的際遇，立刻決定要前往探視。那戶人家裡，父子兩人相依爲命，父親下半身截肢，終日只能坐臥在床，而兒子的精神不夠穩定，只能幫村民打打零工，貼補生活。

救助團的團長向村長詢問村子裡每個月會提供這戶人家多少金錢援助，但村長一臉訝異地回答：「他們不需要救助。」

團長聽了很吃驚，忍不住說：「那他們靠什麼來生活呢？」

村長說：「那個做兒子的爲村裡的人放牛，雖然精神不是很穩定，但是工作卻從沒有出過什麼大錯。做父親的，則幫人修理農具，做斗笠、織簑衣，維持兩人的基本生活還過得去。」

他們一同來到那戶人家的門前，那幾乎稱不上是一幢屋子，頂多只能算是一個牛棚，瞧那屋子中央只用一道齊腰的土牆隔開，左邊躺著一頭牛，右邊就是父子倆的睡床。此時，那位鬚髮斑白的老父親，正坐在床上，臀部以下什麼都沒有，手上修補著一件簑衣。

團長忍不住拿出了一張百元紙鈔遞給他，但那名男子非但未接，手裡的動作也沒停過，只是平靜地問：「你要買什麼？斗笠？還是簑衣？」

團長說：「我沒要買什麼，這錢是要給你的。」

想不到，那名男子聽了這番話，惱怒地說：「什麼也不買，那你給我錢幹什麼？不買東西就給我滾出去，我不需要你的錢！」說完，他又繼續低頭做活。

弱者，總是引起別人同情，但並不表示每一個弱勢的人都要心甘情願地接受別人的施捨。

像故事裡的父子，他們的際遇確實令人同情，但是救助團團長的作爲，卻是將他們的自尊踩在腳底，也難怪會被趕出去。他的出發點絕對是好的，但是做法卻不夠謹慎，甚至有些傷人，難怪會引來反擊。

美國學者肯尼斯．古地說：「如果能從別人的角度多想想，就不難找到妥善處理問題的方法，因為你和別人有了溝通，有了彼此理解的基礎。」

我們當然很慶幸自己能夠比別人幸福，卻不需要在別人面前以同情憐憫的姿態來滿足自己的虛榮，利用施捨來證明自己的幸福或高人一等，這樣的心態非常要不得。

面對弱者，我們可以關心卻無須可憐，可以默默伸出援手而不是當眾施恩，可以同情卻不用惺惺作態。爲善，不是要沽名釣譽，而是發自內心的行動，尊重對方的想法，顧全對方的自尊心，才是眞正在幫助別人。

展現生命的無窮力量

不要瞧不起任何人，因為誰也不是懦弱到連自己受了侮辱也不能報復的。

——伊索

別被故弄玄虛的人騙倒

真正有啟發性的想法，都能夠說得清楚；之所以說得不夠清楚，是因為想得不夠透徹。

科學家愛因斯坦告訴我們：「不要把你們的學習看成是任務，而要把它視為一個令人羨慕的機會。」

這是因爲，人的智慧雖然都在伯仲之間，但是欠缺學習的機會，人不但會越來越落伍，而且會越來越不智。

學習，是一種動物本能，爲了謀生，每一種動物都具備學習的能力，學會覓食，學會築巢，學會求偶，學會育兒。其中，尤以人類這種動物把學習的意義擴展到最大。

人類不只爲了自己學習，更把自己的學習經驗以文字記錄，得以流傳更爲廣遠，也得以影響更多的人。然而，當人類將知識系統化了之後，似乎反倒降低了學習的能力，也減少了學習的動機，因爲人的一生有太多需要學習的事物，彷彿永遠學不完似的。

其實，人不一定需要每一種都學，浪費太多時間去記憶派不上用場的知識。日常生活中，我們會見到有一些人，打著智慧的名號，彷彿所有的人都該向他們學習，卻只是在故弄玄虛、賣弄知識，根本不值得效法。

有一名被稱爲智者的人，來到一座獨木橋上，走著走著，眼看就要過橋頭了，誰知見到迎面走來一隻羊打算上橋，這個人竟立刻回過頭來，走回橋的這一端。

路人看見了，實在不明白他在做什麼，忍不住問他：「你不是就要過橋了嗎？爲什麼又退回來了？」

那個人笑著回答：「我不退回來，牠又怎麼能爲我讓路呢？」

路人聽了只能張著口，說不出話來。

有一天，這個人經過一家酒館，有人認出了他的身分，於是酒館的老闆就請他進酒館來用餐。剛好店裡面有個伙計，自覺有很多煩惱，不知如何是好，想請這位智者幫他解惑。

於是，伙計開始滔滔不絕地說出自己的疑惑，沒過幾分鐘，這個人立刻舉手要伙計別再說了，問道：「你吃過早餐了嗎？」

伙計不明所以地點了點頭。

他又問：「你洗了早餐時用的碗嗎？」

伙計還是點點頭，不過張口又想問，但那人更急著在他說話之前再問：「你有沒有把碗晾乾？」

伙計不耐煩地回答：「有啦，有啦，現在你可以爲我解惑了嗎？」

那人說：「你已經有了答案了。」

吃完飯，那人便走了，留下伙計還在想到底答案是什麼？

你認爲那個人眞的是智者嗎？

這個世界有太多的愚人，這個世界也有太多自以爲是的智者，他們只活在自己的世界裡，使用著旁人不懂的語言（你每個字都認識，但是放在一起完全不明所以），進行著旁人不了解的活動（那件事好像很專業，但是你真的不明白他到底在做什麼）。

艾伯特．赫巴德說：「永遠保持無知的秘方非常簡單，而且非常有效，就是滿意於自己的意見，也滿足於自己的知識。」

或許他們眞的是一方之家，但這是否也表示他們對於其他的事物極度無知？再說，不能傳遞的知識，還能稱之爲知識嗎？

據說那名伙計幾天之後，終於想通那個智者可能是在提醒他要把重點放在眼前，必須全神貫注於當下。你認爲呢？那個人眞的是這個意思嗎？還是伙計自己找尋出來的解釋？

我比較好奇的是，如果一件事眞有其意旨，爲什麼要刻意隱諱，讓衆人去猜測？如此，眞的能表現出自己高人一等嗎？

我相信，眞正有啓發性的想法，都能夠說得清楚；之所以說得不夠清楚，是因爲想得不夠透徹。

莫以智者自居，莫以愚者自貶，沒有人可以說自己什麼都懂，因爲我們每個人一生都只走過一條路徑，你不一定看見別人所見識到的風景。

展現生命的無窮力量

愚人的蠢事算不得稀奇，聰明人的蠢事才叫人笑痛肚皮；因為他用全副本領來證明自己的愚笨。

——莎士比亞

淡淡的幸福，分外有味

幸福就像空氣一般，環繞在你我周圍，只是我們尚未察覺。放棄好高騖遠的心，我們就能看見周遭那一點一點淡淡的幸福。

你說不出來，什麼樣的相處模式才叫做幸福；你一直不明白，什麼樣愛的濃度，才能叫做真愛。

於是，你尋尋覓覓，嚐盡了種種滋味，過盡了千帆才終於知道，原來，淡淡的幸福，品嚐起來縱然沒有大鹹大甜，卻分外有餘味。

有一位女記者工作之餘和朋友共餐時忍不住抱怨：「我老公從來不愛和我多聊什麼，就是喜歡有事沒事摸摸我的頭。」

她的朋友聽了她的牢騷，倒是調侃她：「他喜歡摸妳的頭，那不就表示他對妳的疼愛嗎？」

她從來沒這麼想過，聽朋友這麼一說，心裡倒是有了些不一樣的想法。

她是一位職業婦女，白天要應付龐大繁雜的工作量，回到家一樣逃不了柴米油鹽，還得照顧小孩的功課，每天非得忙到半夜才有得喘息。

她總是埋怨老公不夠體貼，又怕人閒話她沒料理好家事，生活的壓力一點一滴壓得她喘不過氣來。

可是，朋友這麼一說，令她回想起，平常她一下班就悶頭鑽進廚房裡，油鍋、湯鍋鐺鐺作響，老公、兒子開門進屋之時，耳邊才聽見兒子大叫：「媽，我們回來了！」就感覺到有一隻大手輕輕撫上她的頭，一轉身就看見老公帶著笑臉望向自己。

他老是輕輕地說了聲：「辛苦了，老婆！」而她也總是在那一刻覺得自己能爲他們洗手作羹湯是一件很幸福的事。

吃完飯之後，兒子幫忙收拾餐桌，老公幫忙洗碗、倒垃圾，一家人分工合作倒也氣氛愉快。

偶爾她把工作帶回家，焦頭爛額的時候，老公也會溫柔地按摩她的頸子。他總是不說什麼話，但是那揉在頸上的沉穩力道，卻像是鼓勵和心疼的撫觸，輕輕地鼓舞著她。

是的，這應該就是幸福，一家人趁著假日外出郊遊、散步踏青，沒有什麼昂貴富華的娛樂，心卻非常靠近。

你可以爲自己的幸福設定標準模式，卻不見得照著藍圖打造就能得到幸福，因爲每一種幸福模式都不是放諸四海皆準的；幸福是在每個人的心裡，一點一滴凝聚而來的。

富蘭克林在他的自傳裡這麼寫道：「與其說人的幸福來自偶然碰上的鴻運，

不如說它來自日常生活中的微利。」

茫茫然地四處尋求幸福，是徒勞無功的，因爲幸福就像空氣一般，環繞在你我周圍，只是我們尚未察覺。

就像那個「黃金窗子」的故事，一路朝向那座陽光下擁有黃金窗子的房屋走去，好不容易到達目的地，卻發現那不過是普通的玻璃窗而已。回過頭一看，自己的家園正在夕陽之下閃閃發亮。

放棄那些好高騖遠的心思，我們就能看見周遭那一點一點淡淡的幸福。

展現生命的無窮力量

如果他們知道自己身在福中，便是極大的幸福！

——彌爾頓

苦難，是淬鍊鋼鐵的水

跨越了苦痛所帶來的考驗，戰勝了苦難，苦難就是一筆值得你我驕傲的人生財富。

俄國作家契訶夫曾經寫道：「困難和折磨對於人來說，是一把打向壞料的錘，打掉的應該是脆弱的鐵屑，鍛成的將是鋒利的鋼刀。」

確實，困難能孕育旺盛的精神力量，克服困難就是獲得勝利的重要契機。

如果我們能換個心情面對眼前的棘手事情，就不難明瞭，唯有最艱困的環境才能淬礪出最非凡的人物。

你知道鑄劍的方法嗎？

先把鐵塊放進火爐裡燒紅，然後以大鎚加以鎚打，再放入火中鍛燒，而後將火紅的鐵瞬間浸入清水之中急速降溫，再燒，再以大鎚打……不斷重複動作，便可把鐵淬鍊成鋼，打造出一把鋒利堅韌的劍。

人生也一樣，想要成器，未經苦難鍛鍊，恐怕難見鋒芒。

那是一個名流宴會，在場的人都是人人稱羨的成功人士。本來大家風花雪月、天南地北地閒聊，突然有一位男士說起了自己過往的經歷。

原來，他本是農家子弟，由於父親早逝，靠著寡母拉拔他長大成人。高中三年，他住在學校，始終只有一件藍色卡其外套，由於沒有衣服可供換洗，所以一到了週末回家，母親就趕緊幫他洗乾淨，然後起爐火烘乾，好讓他第二天再穿回學校。

三年下來，藍色洗成了白色，肩膀、手肘全都有了補丁。

他自我解嘲地說：「幸好，那時吃飯老吃不飽，所以個子長不高，一件衣服穿了三年還算合身。」

在場有許多位朋友和他交往十多年了，聽見他這番話都感到很驚訝，大家都是第一次聽見他提起曾經經歷過的苦處，而今看他如此事業有成，更是佩服他一路努力過來的堅毅勇氣。

有個朋友問：「怎麼之前都沒聽你說過？」

他喝了口酒說：「有什麼好說的？受苦中的人是沒有權利訴苦的。」

年輕時候，經歷過失敗和折磨，其實並不是什麼太壞的事，不妨試著轉換自己心情，把這些視爲難得的禮物。

因爲，有過這些寶貴經驗，你就會成爲更沉穩、更堅強、更具競爭力的人。

每個人都有受苦的時候，苦難也是人生中的一種磨練，經由這一段磨練，我們會成長，也會有所獲得。

然而，訴苦卻是沒有意義的。故事中的主角之所以願意將過往的經歷說出和與朋友分享，是因爲他已經跨越了那一段苦痛所帶來的考驗。

戰勝了苦難，苦難就是一筆值得你我驕傲的人生財富。因爲在此時，無論你怎麼說，怎麼描述都不會感到自卑，反而還有一種豪氣在身；而別人聽見你說的苦難，非但不覺你在訴苦求助，反而敬重你的毅力。

當他說出「受苦中的人沒有權利訴苦」，我們也了解到，唯有磨練才能眞正證明一個人的價値。

展現生命的無窮力量

人在他的歷史之中表現不出他自己，他在歷史中奮鬥著露出頭角。

——泰戈爾

10

PART

找對方法，才能改變別人的想法

聰明的人，懂得把局勢前後思量，
找尋對自己最有利的方法，
然後搶先從施力點下手，順利改變別人的想法。

賭運氣，只會讓你一敗塗地

想要成為一個贏家，學習是不可或缺的準備，知道得越多，就越能找出應對的辦法，如此才能幫助自己走出困頓的黑暗。

法國作家羅曼．羅蘭在名著《約翰．克利斯朵夫》一書中，寫過如此一段話：「人生是一場賭博，唯有聰明人才能贏；所以，第一要看清敵人的牌而不能洩露自己的牌。」

這話當中，最關鍵的一點就在於，你必須聰明地判斷對方的情勢，同時要隱藏好自己的實力，才能夠想出制敵機先而且鬆動對手的防備。

明白一點來說，就是情報的取得與處理，確實關係著輸贏的結果。

先來聽一個和賭博有關，和運氣無關的故事。

有一種賭博遊戲名爲俄羅斯輪盤，純然是一種賭運氣的遊戲。在衆多選擇中，只有一個會失敗，由玩家輪流嘗試，安然無恙的人過關，交由下一家挑戰，直到有人失敗便分出勝負。

最常見的是一種木桶娃娃型態的設計，玩法是這樣的：將娃娃安放在木桶上啓動機關，然後玩家輪流將木棍插入木桶上的任一空洞中；如果木棍插入而娃娃毫無動靜就算過關，如果木棍插入時，娃娃彈跳起來就算輸了，要重新進行遊戲。後來，這種遊戲玩法演變成一種賭命遊戲，很容易在黑道電影中看見劇中角色利用這種遊戲來考驗勇氣和運氣。

比方說，將左輪手槍裡的子彈取出，只留一發，而後快速轉動裝填子彈的輪軸，玩家輪流將手槍舉到腦際，扣下扳機，如果子彈未擊發，就輪到下一個人對自己開槍。總之，看誰倒楣誰就成爲槍下亡魂。

這種賭博遊戲看似毫無技巧可言，全然憑運氣決勝負。但是，就算賭運氣，不懂的人，只有輸的份，而且會輸得一敗塗地。

有一名休士頓男子，花錢買了一把四點五口徑的半自動手槍，很快地，他就摸清楚這種手槍的構造與用法。

有一天，一群年輕人來他家開派對，酒酣耳熱的時候，每個人都失去了理智，有人起哄要用他的手槍來玩俄羅斯輪盤賭命遊戲，想不到竟有一票人想加入。

其中，一個名叫拉薩得的十九歲男孩，搶得先機，大吼自己要第一個玩這個死亡遊戲，看誰想和他挑戰。然而，當子彈放入彈匣，槍一上膛時，他的酒立刻完全清醒了，而且冷汗涔涔。

因爲，他到這一刻才知道，原來半自動手槍和左輪手槍是不同的；當半自動手槍一上膛，子彈就會自動進入彈膛，可連續發射。也就是說，他想要贏得這場賭注的機率，是零。

歌德的話，在這個故事裡聽來，特別令人感到字字珠璣，他說：「最可怕的是，莫過於無知而行動。」

把自己丟在什麼狀況都搞不清楚的情形之下，恐怕是無知加無知。

一個知識不夠、準備不足的人，或許具備了不知名的勇氣，但是這種勇氣是一種愚勇，將會把自己帶往未知的境地，面對未知的結果。

就好像在黑暗中摸索前進的人，唯有張眼看見了腳下的懸崖，心裡才會開始害怕，心驚於自己可能會遭遇到的危險。

至於對自己的已知感到心滿意足的人，則很容易犯下故事中拉薩得的錯誤，以爲自己有能力應付，事到臨頭才發現自己的無知與不足，但爲時已晚。

所以，想要成爲一個贏家，學習是不可或缺的準備，知道得越多，就越能找出應對的辦法，如此才能幫助自己走出困頓的黑暗，迎向未來的光明。

此外，就是要正視自己的無知，保持謙卑的學習心態，就不會被自己的驕傲蒙蔽，也不至於因爲自己無知而受害。

想要贏得勝利，你無疑得知道更多，才能做好萬全準備，立於不敗之地。

找對方法，才能改變別人的想法

聰明的人，懂得把局勢前後思量，找尋對自己最有利的方法，然後搶先從施力點下手，順利改變別人的想法。

要改變自己的行爲，不是一件容易的事，除了本身要有所認知以外，還要有持之以恆的信心。

同樣的，想要改變別人的行爲，也不是件容易的事。

畢竟，想要改變他人的行爲之前，必須先行改變他人的意志，但是意志的改變必須由當事人來決定，所以，一般而這並不是說了就算，至少要經過某種談判的過程。

不過，只要用對了方法，往往就能達到事半功倍的成果。下面的故事，算是以訴諸權威的方式達到潛在談判的效果。

有一家公司的老闆正爲員工零零落落的出勤狀況感到煩惱，一層辦公室，不過二十幾名員工，他曾經個別探詢過，結果每個人遲到的原因千奇百怪，儘管他要求員工以後最好不要遲到，但是遲到的狀況始終沒有改善。

有一天，他在上班時間之前就到了公司，而後以拍立得相機每十五分鐘拍下一張辦公室的照片。

九點鐘，整個辦公室沒人。

九點十五分，總算有一個人到了。

九點三十分，全公司只有八個人在上班。

到了十點鐘，竟然還有五個人還沒到。

他把這些照片貼在公佈欄上，一句話也沒說，只在照片旁邊標註了時間。大概是有人發現了這些相片，第二天，上班出勤的狀況果然有點改善。當然，第二天的出勤記錄也同樣上了公佈欄。

到了第三天，情況有了大幅的改善，而不過短短的一週，九點鐘以前，所有的人都進了辦公室。

從今以後，他不必再拍任何照片，出勤狀況已然獲得改善。

選對施力點，可以讓我們的力量貫徹，更可以藉勢再下一城，確實可以收得事半功倍的效果。

故事中的老闆，原本的談判方式顯然並沒有達到預期的效果，至少，他的員工並沒有把他的意見認真看待。所以，遲到的狀況並沒有被重視，當然也沒有得到任何改善。

後來，他沉默地表達了自己的權威，提醒他的員工他所關注的重點，這時候，談判才真正發生的效用。

當他向員工探詢遲到原因之時，員工可能並不覺得他很在意大家不準時上班的情況，所以只要有合理的理由，就會覺得萬無一失；再加上辦公室裡每個人都如此，準時上班的人似乎反而變成異類，久而久之就形成了不用太早到的辦公室氣氛。

然而，老闆拍照片、貼照片的行爲，等於是正式宣告：「我是老闆，我很在意遲到這回事，我現在已經在觀察每一個人的出勤狀況了。」所以，還在乎自己飯碗的人，自然就會改變自己的想法，進而改變自己的行爲。

這顯然是老闆權威得以產生效果的重要關鍵，也算是老闆最後的一項撒手鐧。嚴肅一點來說，人與人之間的相處，其實就是一次又一次談判的結果，只是有時候會有明顯的意見交換過程，有時則只是一種潛在的意念交流。談判過程中，首先掌握施力點的一方，相對的也獲得談判成功的優勢。

當然，最好的結果就在於使談判雙方均贏，讓雙方得到各自想要的；想要達到這樣的成果，雙方都必須要有足夠的智慧。

正如同故事中的老闆沒有在辦公室內大發脾氣，而以拍照片的方式暗示、明示，不直接撕破臉；至於員工們，當然也從老闆的行動之中覺察出環境條件的變化，也因此才能相對地做出回應。結果，辦公室的氣氛得以維持和諧，沒有人因此失業或挨罵，而老闆也滿足了希望員工準時出勤的期望。

列夫．托爾斯泰說過一句話：「聰明不在於知道應該做什麼，而在於知道應該先做什麼後做什麼。」

聰明的人，懂得把局勢前後思量，找尋對自己最有利的方法，然後搶先從施力點下手，順利改變別人的想法。

找對方法，選定施力點，成功自然能手到擒來。

能力再強，也要為自己設想

為自己而做，為自己而活，只有自己的心才能驅動自己，如此方能成為一個獨立自主的真正強者。

有句話說：「能者多勞。」這句話表面上聽起來很公平，能力高的、執行力強的、擅長解決問題的，做得到的人多做一點，主事者減少了麻煩，團體增加了效益，弱者被拯救，大家都開心。

但事實上不然，因爲如果能者本身不開心，那麼「能者多勞」這句話就將會變成最大的剝削。

表面上大家信賴能者的能力，所以處處倚重，但實際上是，只要大事小事都丟給他做，其他人就可以安枕無憂，甚至還能坐享其成，最後落得「一人烤肉萬人飽，卻只有自己不飽」的下場，那麼再能幹的人也可能寧願自己什麼都不能，反正大家都不做，就大家都沒得吃，倒還覺得甘心一點。

有一部兒童影集名爲《小查與寇弟的頂極生活》，內容描述一對十一歲的雙胞胎兄弟查克與寇弟，隨飯店駐唱的母親一同生活在頂上飯店裡的趣味故事。

劇情設定這對雙胞胎兄弟有截然不同的性格，查克生性活潑，自在不拘，多情又浪漫，雖然功課不怎麼樣，但是人緣超好，總是惹出一大堆麻煩來，天天玩得不亦樂乎。

相反的，寇弟個性嚴謹，凡事照規矩來，擅長料理、愛做家事，功課又一極棒，不但總是能將自己該做的事情完成，還經常幫查克收拾殘局。

雖然看起來寇弟較符合優秀人才的標準，但是在兩人之中，他永遠屈居弱勢，始終跟在查克後頭；出主意的總是查克，倒楣的總是寇弟。

有一回，兄弟兩人想買腳踏車，但是母親要他們自己想辦法，他們只好把自己的積蓄拿出來。

查克說：「我只有三十美元，你呢？」

寇弟回答：「我有七十六美元，你我都不夠錢買自己的腳踏車。」

查克卻說：「但是我們的錢合起來，就可以買一部新的腳踏車了。」

就這樣，兄弟倆終於共同擁有了一輛夢寐以求的腳踏車，爲求公平起見，寇弟還特別排定了時間表，每天兩人各騎一個時段。

但是，查克沒在時間內回來，寇弟拿他沒辦法；總算輪到寇弟玩了，母親卻說該吃飯了，明天再玩。有天，查克把車子騎壞，卻落得寇弟只能自己想辦法修理，否則大家都沒車可玩。終於，寇弟忍耐到了臨界點，爆發了，決定找查克把話說清楚。

他一把抓住腳踏車的龍頭說：「查克，我有話跟你說！」

查克不以爲意地聳肩：「等會兒再說，現在是我玩腳踏車的時間。」

寇弟怒吼：「現在就說，我…說…現…在！」

查克依舊聳肩：「好吧！既然你不想遵守時間表，那我也沒關係。」

寇弟聞言更是怒火中燒，開始啪啪啪地把他對查克的不滿全說出來。想想他從小幫查克做了多少事，不管摺衣服、擦地板、鋪床單，甚至幫查克把青花菜吃掉，可是查克卻從不投桃報李。

寇弟一大串突如其來的抗議聽得查克頭昏腦脹，忍不住吶吶地問：「你到底想說什麼？」

寇弟冷靜下來，深呼吸一口，一個字一個字地說：「我想說，兄弟間應該要互相幫助，既然我老是幫你，偶爾你也應該幫幫我！」

查克露出燦爛的微笑，張開臂膀說：「好吧，讓我抱抱你，你這個心思敏感的傢伙，誰叫我只有你一個弟弟呢。」

寇弟的話，查克或許聽進去了，也或許沒有，總之最後兄弟兩人還是握手言和，重歸舊好。

很顯然，一個不懂拒絕的人，即使能力再強，也只會令自己陷入困境，要是不能夠審度時勢，想辦法盡早爲自己避開麻煩的處境，最後往往會累得自己精疲力盡，又不見得有好的成效。

嚴格來說，「能者多勞」這句話的意思應該解讀成兩個層面，分別是：「想成爲能者，你得先多勞」，以及「一旦你眞的成爲能者，你更非多勞不可」，即使你不主動求事，事情也會一件一件往你身上堆，因爲「你能力強嘛」，不找你做找誰呢？

所以，身爲「能者」，你有必要爲自己評估一下，自己到底是眞的想做、樂意而爲？還是在別人幫你戴了高帽的結果下，不得不爲？或是自己受制於對某些事情的堅持和放不開，表面上爲求完美，最後反而成了被事情束縛住的人？

能力再強，也要爲自己設想，也要做自己的主人，而不是成了別人推卸責任的工具，否則多做多錯、不做不錯，最後什麼責任都落到你頭上，豈不是無故招罪、平白受罪？

當然，假使你個性喜歡出頭，總是積極追求自我的表現，想要成爲一名眞正的能者，而不是光會紙上談兵的草包，那麼，你一定得把握每一個機會展現自己的才幹。

這種時候，你勢必得多勞，而且還要主動四處找事情做；畢竟，唯有積極參與，別人才有機會看見你的才能和表現。

言歸一句，爲自己而做，爲自己而活，只有自己的心才能驅動自己，如此方能成爲一個獨立自主的眞正強者。

既要融入，也要保持自我的特質

在和諧之中保有獨特性格，儘量融入團體也把握自我表現的機會。如此，將會使你成為一個容易相處卻又充滿魅力的人。

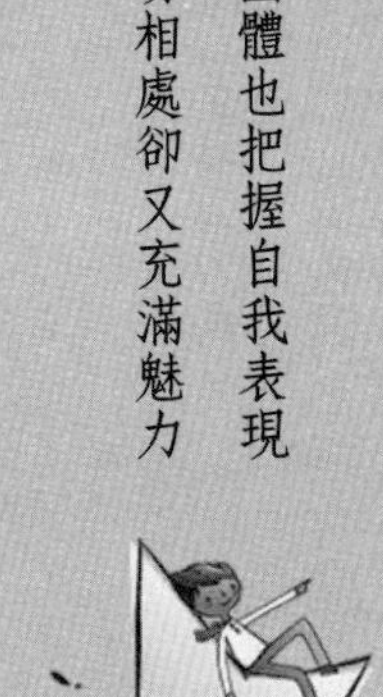

活在現代社會，很多事情都可以快速複製。

我們可以不用再花太多時間謄寫相同的文件，我們可以不用苦苦等候一份從頭開始製作的餐點，我們無須一次又一次地重複相同的話語。借助於機械與科技的力量，我們得以大量生產許多事物，節省時間、提升效率、節約成本，也使得許多原本侷限於地域與空間的事物，得以普及到世界各地。

我們受到相同的待遇，得到相同的資源，獲得相同的發展，但是，相對的，我們也失去了原本屬於個人的獨特性。

當每個人都穿著相同的服裝、品嚐相同的食物，做著相同的事，生命在頃刻之間，好像就無聊了起來。

當複製羊、複製牛等實驗成功之後，人類被複製的可能性也大為提高，這或許也帶來了許多人的恐慌，深怕被複製的結果，是自己無情地遭到取代。

有個小孩天真地問父親：「爸爸，什麼是長生不老啊？」

父親回答：「長生不老就是可以活很久很久。」

小孩又問：「活很久很久是活一百歲嗎？」

父親笑著說：「不，還要更久更久。」

「那，是兩百歲？還是三百歲？」小孩歪著頭問著。

「大概吧，說不定更多更多。你想要活很久很久嗎？三百歲？」現在反過來換父親發問。

小孩立刻點頭，開心地說：「嗯！我活三百歲的話，就可以過三百次生日啦！我喜歡過生日！」

父親也笑得開心，接著說：「寶貝，一般人是活不到三百歲的。不過，我們可以想像一下，說不定有一種發明，雖然你只能活一百歲，但是可以用你身上的細胞再複製一個你，然後把你大腦裡的東西存起來，等複製的你長大了，再把這些記憶存到你新的頭裡了，那你就可以再活一百歲，再做一個你又可以再活一百歲，這樣你就可以長生不老了。」

想不到孩子聽完並沒有開心得跳起來，反倒是嘟著嘴說：「再做一個新的我？不要，那才不是我，我只有一個！」

從孩子的話裡，我們不難聽出，每個人都期望自己是獨一無二的存在，或許有些情感可以轉移，但永遠不可能取代。

有一名學者曾經提出一項疑問，她說：「或許你覺得某一本書非常特別，但是當這些書被大量印製，許許多多一模一樣的書被放置在書架上的時候，你還會覺得它獨特嗎？」

或許，人類會不斷在獨特與融洽之間尋求一個平衡點吧。我們不一定希望自己鶴立雞群，但也不見得喜歡自己平凡無奇；我們不一定想要領導潮流，但絕對不想讓自己過時、落伍。

英國文學家沃爾特．白哲特說過一段很有意思的話：「我們總是聚在一起吃飯，但每個人都有自己的房間。」

確實，我們無法離開群衆，但偶爾我們也需要獨處；我們很容易爲特立獨行不安，卻也痛恨被人模仿。

孟德爾說：「人是一種擁有特殊能力的動物，能利用別人的經驗。」

經由學習、模仿，讓我們得以站在巨人肩上看世界，得以省卻重蹈從前許多人嘗試過錯誤道路的時間與精力，但是，如果我們不能從中走出一條屬於自己的道路，那麼不過拾人牙慧，永遠活在過往的陰影之下，恐怕也看不著未來的光影。

或許正如同托爾斯泰所言：「凡是人，都是一部分依照自己的思想，一部分依照別人的思想來生活和行動的。」

重點是，你傾向哪一個部分多點？順從他人時，你會不會迷失自己？聽從自我時是否自我蒙蔽？人生，總是要取得一個折衷之道，總是要找到自己能夠接受的模式。

不要爲了討好別人而減損自我的特質，不要爲了奉承他人而貶抑自我的價值；在和諧之中保有個人的獨特性格，儘量融入團體也把握自我表現的機會，如此，將會使你成爲一個容易相處卻又充滿魅力的人。

面對渴求，要學會放手

「懂得停止」是一門生活藝術，「學會放手」也是一種成長，能夠學會不去緊抓一切，放開手反而能夠擁抱世界。

有沒有過背癢的經驗？當你背上感覺很癢時，能夠馬上抓一下，會覺得很舒服，可是當你停止抓癢的時候，隱約會有一種更癢的感覺。

有研究證明，如果癢到了某種程度，你一定會忍不住再抓，然後又開始下一波感覺發癢的累積，於是，一抓再抓，有時候抓到破皮了也不知道停止。這是人的本能，也是人的本性，會想盡辦法滿足自己的需求。

可惜的是，人的本能之中，並沒有一個像保險絲一樣的開關，一旦滿載就會自動斷電停止。

其實，有時候如果能忍得住，撐一下，感覺也就過去了，若是不斷順隨渴求想要滿足，反而會一再激起新的渴求，而後沒完沒了。

快樂也一樣，是一種會上癮的感受。如果能使你快樂的事物，過度頻繁地出現，到最後反而會讓這種事物的「魔力」消失。

比方說，原本一包小小的、剛出爐的薯條，就可以讓你感到非常開心，因爲你爲了減肥已經好久不敢碰油炸類食品了，這一天你決定小小的放縱一下。一包小薯條很快就全祭了五臟廟，你有點不滿足，但是心情非常愉快，覺得這是你吃過最好吃的薯條，你還想再吃，可是又嚴格地告誡自己不得再破戒，否則減肥一事將全部化爲泡影。

越是逼自己不能吃，想吃薯條的感覺就越強烈，後來，你放寬規則要求自己頂多一個星期吃一次。到了解禁的時間，你迫不及待地買來一包新薯條，果然如想像中的美味。

由於解禁的感覺太快樂了，意志力薄弱的你，決定豁出去一次吃個過癮，於是一下子買了三大包。

第一包吃起來眞的很好吃，很快就吃完了。吃第二包的時候，肚子有點撐，感覺上好像沒有原來那麼好吃了。

到了第三包，再也吃不下了，要是你不願浪費，那麼越來越油膩的口感，會開始讓你覺得有點反胃，到最後你連聞到薯條的味道都覺得想吐，吃薯條已經不再能爲你帶來快樂，反而成了一種痛苦的折磨。

所謂「適可而止」，不只是一種忠告或建言，更是一種健康的生活態度。近來即有人開始提倡一種新興的養生之道「慢一點、少一點」，透過簡單、簡約的生活方式，讓快速且忙碌的日子有了停下來的理由，讓極速運轉的身體有了休息的出口。

嚴格來說，放任我們對慾望的渴求與追求，放縱各種欲求的滿足，這種生活，其實並不能眞的爲我們取得心靈上的快樂。因爲，一旦日後求之不得，那種迫切的焦慮感，將會爲我們帶來更大的壓力。

或許我們得更加拚命去追求，或許我們得強迫自己去忍受，得與不得，都將嚴重影響到我們的情緒與行爲。

所以，重要的是如何從中取得平衡，在不足的時候起身而追，在體力漸難負荷的時候停下腳步，而不是執著到最後力竭而死，才讓一切終止。

知名的勵志作家阿爾伯特．哈伯德說：「不是你所吃的東西給你力量，而是你真正消化的東西做到了這一點。」

確實，如果食之下肚的食物，不能夠眞正化爲血肉，那麼這個吃的過程豈非只是一種徒勞？吃得再多、吃得再好，如果不能讓養分得以吸收，一切也不過只是一種白費。

任何慾望都一樣，剛剛好就很好。能夠在剛好的時刻適可而止，才能夠眞正感受到滿足又不會造成壓力。

「懂得停止」是一門必須學習的生活藝術，能夠在捨與得之間尋得共識和平衡，知道自己什麼時候該停下來，什麼時候該行動，就不會讓自己陷入力有未逮的情勢之中。

同樣的，「學會放手」也是一種成長，能夠學會不去緊抓一切，放開手反而能夠擁抱世界。

讓愛的感覺建立親密連結

多花點時間和孩子相處吧，讓孩子看見你的笑容而不是背影，讓孩子知道你的愛和關心不需爭取就能獲得，讓他們能安心長大。

創辦《成功》雜誌的馬爾騰曾說過一句警語：「寧可在職業上失敗，在財產上失敗，卻不可在這一點——親愛與同情及助人的態度上失敗！」

這是因爲，當你擁有了後者時，前面兩者對你而言是終究能夠獲得的。

在人生的旅途上，有很多人陪伴著我們，與我們同行；能以和善的態度相處，能彼此支援相助，那麼這一路上，就不會覺得孤單，也不會感到煩悶了。

其中，最重要的，莫過於家人的陪伴與支持。

有一對夫婦帶著五個多月大的孩子旅行，或許是因爲時差的關係，或許是因爲睡覺的環境不同，一個晚上孩子睡睡醒醒、哭哭停停。妻子爲了怕孩子吵到其他客房的住戶，只好不斷起身安撫。

好不容易，孩子眼睛閉上了，狀似安睡，妻子小心地將孩子放回嬰兒床，然後回到床上睡覺。

結果，不到五分鐘，孩子竟又哭了起來，這一次妻子決定只翻一個身，對身邊的丈夫說：「老公，這次該你了。」然後轉身繼續睡覺。

雖然丈夫打算繼續裝睡，但是小嬰兒的哭聲有穿破耳膜的功力，再怎麼不情願也只能起床抱孩子。

才把孩子抱起來，哭聲驟停了一下，發現眼前的臉龐不是熟悉的媽媽，於是皺著眉頭又打算狂嚎起來。原本就不常照顧小孩的丈夫一時間慌了手腳，可是怎麼搖、怎麼抱都沒有用，孩子的啜泣聲已有不斷加溫的態勢。

於是，情急之下，丈夫開始用他那五音不全的破鑼嗓開始哼起歌來。沒想到，當他開始哼唱的時候，小嬰孩停止了哭聲，睜大了眼睛盯著他唱歌的嘴巴看，然後咯咯地笑了出來。

「呵，你喜歡我的歌聲？太好了，這個世界就只有你是我的知音。」受到孩子的鼓勵，丈夫唱得也有勁了起來，一連哼了好幾首。

唱了幾分鐘，口乾得不得了，但是，只要歌聲一聲，小嬰孩就又皺起眉頭，害得他連停也不敢停，就這麼哼唱了快一個小時。

到最後，小嬰孩真的累了，在爸爸的肩膀上輕輕地打起小呼。這回孩子真的睡熟了，總算能在小床裡安眠一夜。

丈夫回到床上，雖然手痠舌燥，但是心情卻分外愉快。才躺好蓋好被子，腰間便摟過來一隻暖暖的手，妻子偎了過來，在他耳邊輕輕地說：「親愛的，總算有人欣賞你的歌聲囉！」

在彼此溫暖的懷抱中，一家人一夜好眠。

從此，只要哪天小孩又哭鬧不休，丈夫的歌聲總能夠輕易地將他安撫下來，而他也總是會爲了孩子暫時先放下手邊的工作貢獻自己的喉嚨。

父子之間，因爲那一個夜晚，有了最親密的連結模式。

有很多人覺得自己無法照料他人，總是選擇逃避，以「不會」、「不知道」作爲藉口，能閃就閃。

但是，有誰是天生就會照顧別人的呢？更何況，有時候，所謂的照顧，其實只是一種「陪伴」的需求罷了。

就好像故事裡的那對父子，孩子會哭鬧不停，只是害怕孤單罷了，在陌生的地方、陌生的環境，本來就容易令人感到不安，知覺正敏銳發展的孩子，自然會更直接把情緒表現出來。所以，聽到爸爸的歌聲，即使是五音不全，聽在孩子耳裡，也是一種令人心安的聲音，因此才能慢慢平靜下來。

有很多研究證據顯示，嬰幼兒時期的經驗，對一個人的一生有遠大的影響。孩子和父母親的關係連結，除了血緣之外，嬰幼期的共處情形也會有所影響。也就是說，在父母疼愛之下的孩子，與父母之間的連結較為緊密，家庭的親情結構也較為強韌。

如果他們不曾出這趟遠門，這位父親說不定就沒有機會直接體驗到自己和孩子之間的那種強烈的連結關係，因為他原本對於照顧孩子就沒有信心，也將之視為太太的責任。然而，這一段過程，只有這麼一小段生活經驗，就能讓親子之間有了一道能夠輕易消除隔閡的開關。

所以，多花點時間和孩子相處吧，讓孩子看見你的笑容而不是背影，讓孩子知道你的愛和關心不需爭取就能獲得，讓他們能安心長大。

別讓壞心情搞砸你的人生

作　　者　黎亦薰
社　　長　陳維都
藝術總監　黃聖文
編輯總監　王　凌
出 版 者　普天出版家族有限公司
新北市汐止區忠二街 6 巷 15 號
TEL / (02) 26435033 (代表號)
FAX / (02) 26486465
E-mail：asia.books@msa.hinet.net
http://www.popu.com.tw/
郵政劃撥 19091443 陳維都帳戶
總 經 銷　旭昇圖書有限公司
新北市中和區中山路二段 352 號 2F
TEL / (02) 22451480 (代表號)
FAX / (02) 22451479
E-mail：s1686688@ms31.hinet.net
法律顧問　西華律師事務所・黃憲男律師
電腦排版　巨新電腦排版有限公司
印製裝訂　久裕印刷事業有限公司
出 版 日　2021 (民 110) 年 5 月第 1 版
I S B N◉978-986-389-772-9　條碼 9789863897729

國家圖書館出版品預行編目資料

別讓壞心情搞砸你的人生己／
黎亦薰著.—第 1 版.—：新北市,普天出版
民 110.5 面；公分. - (生活良品；29)
I S B N◉978-986-389-772-9 (平裝)

生活良品
29